# 教育孩子

## 让孩子快乐成长

EDUCATE A CHILD



沛霖 · 泓露 著

**（父母）能给孩子的只有三样东西：**
第一样是给他们尽可能好的教育；
第二样是树立一个好榜样；
第三样是给他们世界上所有的爱。
——（美）马文 · 皮尔斯

中国商业出版社

**图书在版编目（CIP）数据**

教育孩子 : 让孩子快乐成长 / 沛霖・泓露著. -- 北京 : 中国商业出版社, 2017.5
ISBN 978-7-5044-9726-0

Ⅰ. ①教… Ⅱ. ①沛… Ⅲ. ①家庭教育 Ⅳ. ①G78

中国版本图书馆CIP数据核字(2017)第031653号

**责任编辑：姜丽君**

中国商业出版社出版发行
010-63180647　　www. c_cbook. com
（100053　北京广安门内报国寺1号 ）
新华书店经销
永清县晔盛亚胶印有限公司
*
720×1000毫米　16开　16印张　200千字
2017年6月第1版　2017年6月第1次印刷
定价：38.00元
* * * *
（本书若有印装质量问题，请与发行部联系调换）

# 前言

针对父母教育孩子缺乏明显效果的现象，《教育孩子——让孩子快乐成长》从父母常见的教育方式中点出他们的症结所在，并对孩子的心理进行剖析，让家长明白，孩子是“怎样想的”，父母“错在哪里”，并用事例来告诉父母该用什么方法教育孩子才会有效果。

本书共分八个章节，分别从冲动、依赖、自卑、虚荣、自负、抑郁、叛逆、任性八个方面谈起。

教育是老师（学校)、父母、社会三方面合力的结果。社会是一个无法改变的因素，于是，对孩子起最大作用的就是老师（学校)和父母。但他们常常都在教育孩子的事上犯错误，特别是父母。

孩子在受教育的过程中蒙受着冤屈，而孩子往往意识不到自己冤屈，更不用说要他们自己来更正大人们的错误。因此，教育者教育孩子的过程，更多的是孩子蒙冤的一个过程。我们在孩子的教育过程中，会使孩子受着很多委屈：

冤枉一：不是为自己而学

父母往往是望子成龙、望女成凤，这似乎是所有父母的期待。就家庭教育而言，父母一心想让自己的孩子能成为名人、成功人士，最起码也要成为一个有钱人。虽然这些父母也不时附带一些对社会有益的教诲，但归根结底还是要孩子出人头地。尤其可怕的是，这样的计划并不是和孩子平等商量的结果，而是在孩子幼小时就把这个要求泰山压顶般地“压”向孩子。孩子喜欢什么、想成为什么，他们没有一点自主权，孩子生来似乎变成了父母自己理想的实现者。为人父母者，他们忽略了孩子或者说人成长的主体作用——理想是每个人自己的选择。在学校教育中，老师为了在工作评比中让自己的学生有个好成绩，学校为了在与同校的评比中有个好的升学率，他们在孩子的教育问题上，一眼就盯在了孩子的成绩，对于孩子其他方面的培养就会多几分忽视。因此，成千上万的孩子，千差万别的理想，统统都归结到一个点上——上大学，而忽视了素质教育和心理指导。

冤枉二：分数决定一切

无论是家庭还是学校，在对孩子的教育中，有一个普遍的现象，那就是对知识技能本领的偏重和对做人教育的偏废。虽然各个学校都在抓德育工作，但很少有学校真正对这项工作常抓不懈，特别是在孩子做人方面，往往都是孩子自我进行调节的。

有一部分孩子在小学、初中、高中受学校教育过程，就是对知识成绩偏重、对做人教育偏废的一个过程。孩子能考到高的分数，实在说不仅仅是老师成为名师、学校成为名校的追求，更是社会的认可、教育行政部门考核的主要标准。作为家长，孩子考了高分，家长除了有孩子优秀的成就感外，更是对孩子能立足未来社会的最好的精神寄托。因此，教育者对孩子的教育会忽视这一点：分数不是唯一的衡量指标，学到本领、有能力才是重要的。

这样，对孩子所有的一切评价，都是以分数作为基础的，一个孩子在考试中不能得到高分，会掩盖他很多优点，更会使人忽视孩子其他方面的天赋。于是，很多人就会用学习成绩来扼杀孩子的一些天赋，比如体育、绘画、音乐……

冤枉三：“饲养员”式的培养

孩子从降生起，父母就特别注意孩子的身体，尽可能让他吃饱、长好，很多父母还能对孩子坚持“科学喂养”。可父母完全疏忽了在教育孩子的过程中，对孩子进行沟通、开导，父母用提供丰富的物质生活替代了与孩子的交流。父母只知道让孩子衣食无忧，却不知道教育孩子时更要关注孩子的精神世界。孩子精神食粮的匮乏，往往造成父母在孩子的心目中缺乏亲情、与父母近而少亲、远而不真的结果。当父母感叹自己的孩子“不懂事”时，他们不会从自己的教育方式上找原因，相反地，他们会把一切责任算到孩子头上。

冤枉四：……

孩子的“冤屈”远远不止这些，我无法一一列举出来，只是希望教育者能重视到自己在教育上的错，更不要把对孩子的不满归罪于孩子，这也是我写这本书的初衷。

我在教育孩子的过程中，深深地感到：孩子的错误往往是先来源于教育者自己，教育者只有先认识和改正自己的错误，这样才能更好地教育好孩子。

# 目录

## 第一章 教育先育心



## 第二章 培养孩子自立

## 第三章 破解孩子的自卑



## 第四章 破解孩子的虚荣

## 第五章　破解孩子的自负



## 第六章　让孩子摆脱抑郁

## 第七章 破解孩子的判逆

# 第一章
# 教育先育心

# 教育先育心

孩子在成长的过程中，在家长看来，自己最大的责任就是“管”好自己的孩子。很多父母对自己教育的第一要求就是能“控制好”自己的孩子，这也是父母对孩子最直接的要求。父母认为，只有孩子听话了，一是自己的教育就会变得容易；再者，就是孩子会走自己给他所指的那条正确的路。但事实往往会与父母期待的相反，更多的孩子是不听话的。这种不听话的孩子，重者会惹出很多事端，轻者也会不停地制造出一些小的麻烦。

不同的父母对于孩子的冲动现象，会用这样那样的方式进行教育，但就是丝毫没有效果。很多孩子在自己的错事发生以后，他们也会认识到自己的错误，但时隔不久，他们又会犯同样的错误。家长对孩子的这种现象下的结论是：孩子不知道改正自己的错误。在家长的眼里，孩子的这种屡教不改是最卑劣的秉性。在这里要提醒的是，孩子有什么不是，仅仅是他的缺点而已，父母要想教育好孩子，自己就先不要在心里给这个孩子下“品德败坏”的结论。父母如果认为孩子是卑劣的，那么父母就不会教育好孩子。这就像一个雕刻家，分别在石头和蓝田玉上做雕刻，在玉上和在石头上作雕刻时的心态不同，他会把自己设计出最经典的花纹刻在玉上，对于石头上的纹饰就会随意一些。父母教育孩子往往也是这样，一旦你认为他是“石头”，即使孩子是“玉”，你也会像“石头”一样对待他，家长对“屡教不改”的孩子在教育上容易产生偏离。

父母的教育没有效果，很大部分原因是父母对孩子的认识不够。孩子屡教不改，有时并不是孩子有意去犯同样的错误，而是在孩子的心里，总是减不掉他对做这件事的冲动。

有这样一个很经典的故事，说爱因斯坦小时候拆了指南针，想看看里面到底有什么，结果是里面什么也没有。父母知道这件事以后，并没有责备爱因斯坦，而是告诉他指南针的原理，使爱因斯坦明白了其中的道理。

这个故事在中国流传了很多年，但很多父母说给孩子听的目的，仅仅是作为激励孩子要有探索精神的一个事例，父母不会对这个故事有更深的思考。

爱因斯坦拆指南针，是因为指南针有趣，这种“有趣”就激起拆了它的冲动。当时，爱因斯坦发现里面什么也没有的时候，指南针还是有趣的，而且还增添了一种神秘感。设想一下，这个时候，他的父母不去给爱因斯坦解释这种有趣，而是对爱因斯坦进行责备的话，我们先不说他们在扼杀一个天才，至少指南针在爱因斯坦的心中，就更加显得神秘有趣了。当爱因斯坦再得到一个指南针的时候，不仅比先前多了一点神秘，而且他还想把这个与先前的指南针作一个比较，爱因斯坦要拆开新指南针的冲动会更强烈。这样，在拆指南针的事上，爱因斯坦也会“屡教不改”的。但事实是，他的父母解决了造成爱因斯坦冲动最根本的东西——心里的好奇，他们使爱因斯坦明白指南针是怎么回事，这样，爱因斯坦对指南针的兴趣就跨越了指南针的本身，而被引到探索更多的东西上去。

如果一个中国孩子把家里的东西给拆了，会是什么结果呢？

他所得到的肯定会有责备：知道这个故事的父母，他们会认为孩子不会成为爱因斯坦；不知道这个故事的，还会觉得孩子是个败家子。这样，想改变孩子的屡教不改，是不会有多大成效的。

我们不难遇到这样的情况：孩子老是与同学打架，常常是因为与同学不经意间地碰撞了一下，孩子也会心生愤怒，继而大打出手。在家长看来，孩子是容易冲动的，而且不知悔改。

在孩子第一次出现这种情况以后，家长往往会这样处理:

了解事情经过——划清责任——批评过错，或者再加上一条：孩子检讨。

在这样一个处理过程中，孩子得到的教训是：自己错了，大人很生气……你如果要问孩子错在那里，孩子只知道自己是“打架了”或“又打架了”。这种处理方式，只能解决问题的表面，它不能从根本上解决孩子的这种打架问题，因为父母没有解决掉造成孩子的这种冲动行为的根本。

孩子打架的原因是，对于这样的青少年来说，自己的身体是不容他人侵犯的，即使是靠近自己身体的空间，也是自己身体的一部分。

有人撞了他一下，不仅侵犯了他的空间，更侵犯了他的身体——有人在挑衅！孩子就会这样认为，他在出手的时候，脑海里迸出的理由是“在捍卫自己的权利”。按照孩子的思维，孩子是不会觉得自己错了的，但家长在纠正孩子错误的时候，不了解这些，他就不能对症下药，类似的事也就时常会在孩子身上发生。

对于孩子的屡教不改，所有家长的教育模式几乎都是一样的，他们不知道孩子老是管不住自己，这是因为父母的教育没有去除令孩子冲动的因素。因此，父母在教育孩子的时候，没有了解到孩子心中最本质的东西，这是父母的教育没有效果的根源所在。

## 冲动使人智昏

冲动，就是人在不理智情况下的一种行为，是指一个人带有某种强烈情绪去做事。但对于青少年的“冲动”而言，他们的情绪可能会“很强烈”，也可能“很正常”。这时有人会提出疑问：冲动总是在“有情绪”时的行为，孩子在正常情况下，那叫冲动吗？

在生活中我们不难听到这样一句话：孩子好冲动！很多人赞同这句话，但真正理解这句话的人并不多。正是对孩子冲动的不理解，才会使很多父母很难在这方面有教育效果。

心理学认为：当一个人突然受到外界刺激的时候，行为可能会得不到控制，导致无法理智地对眼前的事进行处理。每个人都不可避免的会有冲动的时候，但孩子和大人的冲动是有差别的。原因在于通常的情况下大人是理智的，只有在外界对他进行强烈刺激的时候，他才有可能冲动。孩子则不同，由于孩子的心智发展得不是很完善，他对外界的很多东西缺乏理性的认识，有时，就是一个小小的“刺激”，孩子也会不顾后果地去做。孩子的冲动有时不是来自外界对他的强烈刺激，很多孩子的冲动往往是来自于自己的“无知”，有的甚至是自己的好奇、兴趣等。有些事对于大人来说是司空见惯的，但对于孩子来说，就会有很大的诱惑力。所以说，孩子的冲动，不仅会有来自外界的刺激，它还会有来自于自己的内心的兴趣、好奇等。这后者不见得非要孩子“怒发冲冠”，它是在孩子心平气和中的一种“冲动”。这种冲动没有什么愤怒的前兆，随时随地在孩子身上都可能发生。这样，家长就无法防患于未然，孩子的行为更使家长防不胜防。孩子对一些事感兴趣、好奇，这是孩子的天性，天性所带来的“副作用”是最难纠正的。

很多父母不仅对引起孩子冲动的状况有所误解，而且对孩子冲动的行为的认识也不是很全面。

人们通常认为孩子的冲动的行为有：与师长顶撞，与人打架，离家出走……不可否认，这些现象都是因为处于青春期的青少年头脑容易“发热”，他们仅仅凭着自己的“第一感觉”，本能地对外界做出反应。但有些冲动不是因为大脑“发热”，而是孩子的好奇心的驱使而产生的冲动，这一部分很容易被父母所忽视。比如说处于青春发育期的少男少女在性方面的表现提前，孩子好拆解家里的器具，不该说的话会脱口而出……像这些现象，很多都是孩子冲动的结果。

还有，大人所有的冲动行为，事后大都会后悔，但孩子冲动后很少会后悔，至少后悔不是很主动。大人的后悔往往是来源于理智，而孩子的后悔常常来源于大人对他们错误的惩罚。有的孩子冲动后就根本不会后悔，他们反而会沉浸在对一件事体验的快感中。

很多父母在评价孩子的冲动时会信奉这样一句话：孩子冲动是一种心理不够成熟的表现。毫无疑问，这句话是对的。但当父母接受这种观点后，再面对孩子的冲动对其进行教育的时候，这句话无形中起了负作用，它会在方式、方法上误导父母的教育，原因是很多父母理解这句话时会出现偏差。这种偏差来自两个方面：

一是在父母看来，孩子的冲动都是恶性的，因为孩子心理不成熟，做事就不会正确。此时父母就会用自己成熟的理论来教育孩子，他们要孩子从他们的语言上直接“嫁接成熟”，而不会引导孩子在实践中磨炼出自己的成熟。

一是很多父母会把孩子心理不成熟看成是孩子的缺陷。原因是它会引起孩子冲动，事实又证明冲动总是不好的。他们不知道，孩子冲动虽然是一种心理不够成熟的表现，但孩子心理不成熟也会使孩子产生出很多好的东西来。比如孩子的好奇，会促使他对外界事物进行探索，致使孩子的童真、童趣产生等。

父母有了认知上的偏差，在面对孩子冲动的时候，他们就会把自己的教育集中到一个焦点上，那就是孩子冲动总是不对的，要纠正孩子的冲动。这样，父母就会不分青红皂白地批评孩子的冲动，而不分状况地批评孩子，这正是教育中的大忌。

有这样一个故事：“二战”著名将领巴顿在去战地医院探访时，他发现一名士兵蹲在帐篷附近的一个箱子上，显然没有受伤。巴顿问他为什么住院，他回答说：“我觉得受不了。”医生解释说他得了“急躁型中度精神病”，这是第三次住院了。巴顿听罢大怒，多少天积累起来的火气一下子发泄出来。他痛骂了那个士兵，用手套打他的脸，并大吼道："我绝不允许这样的胆小鬼躲藏在这里，他的行为已经损坏了我们的声誉!"说完气愤地离开……

第二次来，又见一名未受伤的士兵住在医院里，顿时变脸，问："什么病?"士兵哆嗦着答道："我有精神病，能听到炮弹飞过，但听不到它爆炸。"巴顿勃然大怒，骂道："你这个胆小鬼!"接着打他耳光，"你是集团军的耻辱，你要马上回去参加战斗，但这太便宜你了，你应该被枪毙。"说着抽出手枪在他眼前晃动……

很快，巴顿的行为传到艾森豪威尔耳中，艾森豪威尔说："看来巴顿已经达到顶峰了……"

狂躁易怒的性格，使本有前途的巴顿无法再前进一步，面对有心理障碍的士兵，不是认真了解情况，加以鼓励，而是大打出手，完全失去了一个指挥官应有的风度和修养，破坏了他在人们心目中的形象，因此失去了攀上顶峰的机会。

生活中，到处都充满重复的事情，面对变化的环境，人难免烦躁，从而脾气就随着变坏。然而，一次、两次地爆发后，如果你还不加以克制，那么演变下来，就会养成冲动的习惯。我们并非生活在真空，人生总会有阻力或逆风，如果遇到不如意的事情就如爆竹一样炸裂，那么恐怕受伤的不仅仅是身体，更是毁了前程。在"遗憾"之余，让人想起了这样一句话：冲动使命运遭殃。

在现在的青少年中，孩子的冲动往往会引发很大的问题。

现在的一个孩子往往是好几个家庭的希望，可这些希望，往往会因为孩子的冲动变成更多人永远的痛。有人统计，这几年来青少年犯罪总数已经占到了全国刑事犯罪总数的百分之70%以上，其中十五六岁少年犯罪案件又占青少年犯罪总数的百分之七十以上。目前我国未成年人犯罪初始年龄与20世纪70年代相比提前了两至三岁，十四岁以下少年犯罪比例不断上升。他们的犯罪行为，有80%以上属于孩子的一时冲动，有预谋的犯罪只占很少的一部分。

高二年级的潘家运和王强两个人是一对好朋友。他们有一个共同的特点，就是喜欢没日没夜地泡在网吧上网，这使两人都厌倦了学习。不久，两人都退学了，整天在网吧打游戏。潇洒了几天以后，困境就随之而来了，因为两个人身上都没有钱了。想到快活的日子就要到头了，一边是对在网吧玩乐的渴望，一边是两个人囊中的羞涩。在这双重压力下，他们常常感叹：在哪里弄些钱就好了！

罪恶往往来源于欲望。在一个黄昏，他们有了这样一段对话：

潘家运：我们想办法搞些钱吧！

王强：有啥办法，抢人呀？

潘家运：随便用什么办法都行。

王强：我们去抢的目标是谁？

潘家运：找个倒霉鬼吧。

王强：也好，到时候再说吧。

于是，一起抢劫凶杀案的预谋过程，就在短短的几分钟内敲定了。恶念一旦产生，就难以遏止。当天晚上两人怀揣尖刀，在市街上寻找那个所谓的“倒霉鬼”。凌晨5时，可怜的出租车司机侯某成为了他们刀下的冤魂！不久法院也按照法律程序，终结了他们充满罪恶的生命！

不仅潘家运和王强的结局一样，他们的家庭教育也有很多相似之处。他们的父母都是下岗工人，父母的素质不高，使他们缺少教育能力；再加上他们整天为生机奔波，也没有时间管束自己的孩子。孩子走上不归路，如果说是孩子的一时冲动，倒不如说是父母对其缺失教育的结果。

当然，也有仅仅是由于孩子的不理智而酿成悲剧的。

高三的男孩子许某，在自己常坐的公交车上结识了一个叫阿秀的十六岁女友，并常常约阿秀到一个酒吧见面。许某在一次两人见面后送阿秀回家的途中，美好的夜景，少女特有的香气，撩动着许某这个十七岁少年的心。当他试图把阿秀搂住的时候，却遭到了阿秀的拒绝——这使许某很恐慌，他以为事情泄漏后自己就会坐牢，于是，他抽出随身携带的水果刀，向受害人的胸口扎了六七刀，导致受害人当场死亡。事后，许某也受到了法律应有的惩罚。

许某生在一个知识分子家庭，父母都在教育部门任职。父母在对许某其他方面的教育都做得很好，唯有在孩子性教育方面有些保守，他们也怕孩子过早地沉溺于情爱，在教育中较为片面。这使得孩子以为，与女孩拉手、亲近都是不良举动，女孩要是反对自己就是犯法的。于是，就造成了许某在一次正常的性冲动中，本是一个无关紧要的举动，由于缺乏对事情的认识，才使自己有杀人灭口的错误举动。

因此，在教育孩子时，一定要求孩子遇事有三分冷静，多想想再做；父母也要想办法去除令孩子冲动的诱因，这样才会使孩子理性地面对自己的生活，自己掌握好自己生活的舵。

# 强化孩子的自制力

对于孩子的一次冲动行为，父母事前是无法控制的。父母能做到的，只能教育孩子学会控制自己的情绪，这就是通常所说的要孩子管住自己。要孩子自己管住自己，这是纠正孩子冲动的着手点。换句话说，要想孩子有管住自己的能力，就要提高孩子的自制力。

孩子的自制力增强了，就会减少一分冲动的情绪，然后就能克制自己的行为。很多人认为，孩子自制力的提高，就是要求孩子有忍耐力，但这是很表面的东西，它不会解决孩子冲动的特性。比如有的父母告诉一个喜好冲动的孩子，叫他遇到一些事的时候，先去数数，从一一直数到一百……一千……然后再决定自己该干什么。试想，孩子在遇事的时候，如果他能头脑清醒地知道去数数的话，那他也就具有一定的自制力了，还去数数，不是多此一举吗？同样，有的父母还告诉孩子，做事前要先想想后果，这种方式在解决孩子因兴趣而冲动时，效果才会好一点，但在孩子面临突发事件的时候，它的可笑和数数没有什么两样。因此在培养孩子自制力的时候，数数和多想想后果，这是培养孩子自制能力时得到的一种结果，而不是培养孩子自制力的方法。

这里要告诉父母的是，孩子都有自制力，只是有强和弱的差别。我们要做的，是想办法去强化孩子的自制力。同时，在强化孩子自制力的时候，孩子的忍耐力、能想后果……诸如此类，是培养自制力时要孩子得到的一种心理素质。孩子得到这种素质，才是一个教育者教育的目的。比如父母常对孩子说这样一句话："你要好好学习！"这句话只能作为父母对孩子的一种激励和要求，它是孩子在学习的过程中，众多因素综合出的一个好的结果，具体如何得到这个结果，孩子还是糊涂的。"你要好好学习！"还会显得意思空洞，可能孩子还会觉得是父母对自己的一种敷衍。这样，父母还不如对孩子说："上课要认真听"或"作业按时完成"实在得多。培养孩子自制力时，其中暗含的道理也一样，要教给孩子得到结果的方法，而不是用结果对孩子做那种空洞的要求。

有这样一个初中二年级的孩子，学习成绩不错，但就是不稳定，成绩时好时坏，起伏很大。老师告诉他的父母，孩子最大的问题是自己管不住自己，上课爱和前后左右的同学说话，手也动个不停，这样既影响了别人，也影响了自己。

这是在孩子中间常见的现象，孩子在出现这种问题时，解决问题的关键，还是在于孩子的父母。有的父母把孩子的一些问题归咎于学校，这对孩子的教育是不利的。真正良好的教育，是学校与家庭相结合的结果。这个孩子父母的做法就值得借鉴：

首先，父母先与孩子做几次良好的沟通，他们与孩子沟通的目的，是想了解孩子上课想说话的原因：是不是对老师讲课的方式或内容不感兴趣？是不是课堂的气氛太轻松了？……父母知道了原因后，他们又和学校的老师取得了联系，他们想看看孩子在学校里有没有其他原因导致他上课不守纪律。通过两方面的沟通和交流，孩子的父母找到了问题的所在。

最后，父母得出的结论是：由于孩子成绩一直不错，接受能力也很强，父母对他一直又没有太严格的要求。时间一长，他就养成了很随意的习惯，这是其一；其二是孩子在班里人缘不错，加上在上课的时候，他不需要花太多的精力就能完成课堂的学习任务，课堂内思维上的“空余”就转化为与同学的交流，而这种交流往往还会得到同学回应，这能使他打发掉课内多余的时间——无聊是孩子“冲动”的原因。

面对孩子的这种状况，父母先与孩子进行了交谈。

他们先告诉孩子一些道理，比如告诉孩子：搞好学习是为将来自己的好生活做准备，学习不好的话，一个人的工作能力就不会太高，在今后的生活中就很难去做好一些事等等。在交谈的过程中，父母还要孩子充分发表自己的看法，在平等交流的基础上，给予孩子适时的引导。他们肯定了孩子某些想法的正确性，比如老师讲课缺乏深度，课内的内容老师准备不足等；但同时，父母也指出孩子思想的不成熟与经验不足的那一部分，告诉孩子课内有多余的时间，可以自己去预习更多东西，不一定用捣乱来打发时光。这一切都是在帮助孩子理解学习和老师安排的各种活动的意义，使孩子有自觉地控制自己行动的意识。

接下来，父母明确地给孩子制定一些目标，当然着手点都是生活中的小事，这些孩子是很容易完成的。如：收拾自己的房间，晚上回家必须先做作业，然后再看电视；上课必须保证多长时间不说话……同时他们还严密地对孩子进行“监控”，因为孩子的意志力直接取决于父母的坚决态度。但是孩子的父母明白，严格的教育并不意味着对孩子的压制，而是要使孩子努力学会自我控制，并正确评价周围的事物。父母在交谈的过程中是和颜悦色的，他们坚持不懈地针对孩子的毛病，制定相应的规则，使孩子自制力增强。同时，父母还充分注意鼓励、表扬和批评等强化措施的综合运用。这个孩子的父母在培养孩子自制力时，他们的办法是：

先了解孩子，一边用方法来指导孩子的行为，一边用规则来束缚孩子。在这个基础上，他们还通过做事情来锻炼孩子。这样，这个孩子在课堂上就有了更明确的目的——学习。这种目的明确，淡化了在课堂说话和小动作对他的诱惑。再加上父母和老师的约束，说不定还会有惩罚。这几种措施综合运用的结果，会使孩子很“难受”，而解决这种“难受”的“良药”，就是父母教给自己规避缺点的方法。孩子只有运用了这种“方法”，才会解决自己的“难受”——这是有效果的教育，也是教育者的大智慧。这个孩子在父母的这种教育下，很快地改掉了自己的坏毛病。

最后要提醒的是，培养孩子的自制力不是朝夕可成的事，家长一定要持之以恒，要有足够耐心，才能使孩子健康茁壮地成长。

# 别让学校压制了孩子的霸性

有这样一种孩子，他们在家里很乖，但在学校里，他们堪称学校里的“霸王”。如果其他孩子一不小心触犯他们的话，他们就会暴跳如雷，免不了会挨到他们的巴掌和拳头。这样的孩子，往往有着健壮的身体、火爆的脾气和比较灵活的头脑，但就是学习成绩不好。他们是学校里除校长外又一个“统治”者，学校的其他孩子看见他们往往是退避三舍。

这样的孩子令老师非常头疼，一是这群孩子会在学校里不停地给老师惹一些麻烦，其他孩子的家长对他们的意见反映很强烈；一是他会带坏一群孩子，在学校里成为小集团，这种小集团从欺负同学到对抗老师，他们无所不能。

当老师面对这样的孩子的时候，他们不会有太好的办法。要想改变这些孩子，老师往往要花费很多精力和时间，这对于有众多教育对象的老师来说，他们在实际中很难做到。于是，他们往往采取以下两种态度：一是放弃对孩子的管理与教育。即使有老师对他们说教，也会是一种敷衍；一种是老师把孩子交给家长，通过要求家长约束孩子，来得到孩子在学校不惹事的目的。换句话就是说，老师对这样的孩子的要求，只是要他安稳下来，孩子在学校根本就不会得到什么教育，恰恰是学校对孩子教育的放弃。

这时，这样的一个有问题的孩子，在学校里的教育实际上就已经丧失了，教育责任就完全转嫁到家长身上。家长也没有好的办法，其中不外乎有以下几种原因：

1. 家长自身教育水平有限；

2. 不了解孩子在学校的情况以及学校的环境；

3. 孩子不在自己身边，其行动难以监督和控制；

4. 孩子做事对家长有很强的隐蔽性。

这些，与其说是家长无法教育孩子的原因，倒不如说是一些父母在教育这类孩子时认知上有缺失，这样，当老师把孩子的情况反映给家长时，家长常常会这样做：

1. 把孩子领回家，叫孩子待在家里，麻烦就会一了百了。

这是最下等的做法，因为去不去学校，对这样的孩子来说是无所谓的，有时可能对他还是一种解脱。他们在家时等于就是进入了社会，社会环境会比学校更复杂，这样的孩子有时会变得更糟糕。

2. 给孩子一顿暴打。

这样做的家长，他们的目的无疑有两个：一是解自己的气；二是用皮肉之苦教训一下孩子。但孩子一放到学校里，孩子就会忘记棍棒给他带来的苦楚。相反的，他们在惹事端的时候就会想办法变得更隐蔽。

3. 不痛不痒地训斥孩子一通，再对孩子说一堆已经说了无数次的大道理。

父母这样做，对孩子来说等于没说，因为这样的孩子是很有主见的，再加上他们的灵活，他们会对一些事有着自己的判断。一些空洞的大道理对他们来说不会起丝毫的作用，这样的道理不会给他们的心理造成多大的触动。他们明白，父母的教训，只是对老师告状的一种简单的响应。

……

家长对这样的孩子进行教育很难产生效果，是因为他们对孩子不够了解。

一是他们在学校里太“闲”了。他们学习成绩不好，对学习自然就不会有多大兴趣。一个不知道学习的人，在学校能干什么呢？上课只是一个陪衬，有时可能还会遭到老师的责骂和同学的嘲讽，家长也对他们没有好脸色。在这几种压力下，他们的空余时间又多、精力又旺盛，那他们只有寻找另一种途径来弥补自己在学业上的失败感，或者说是打发掉在学校里的无聊的时光。

二是不良文化的影响。影视中打打杀杀的江湖习气对他们影响很大，也正合他们的口味，他们自身的条件和所处的环境，正是他们模拟“江湖”的最佳场所。

当一个孩子具备了这两点，他们在学校遇到一些事的时候，他们就会想到自己在学校里受到的一些“不公正”的待遇，情绪一下子爆发出来——冲动的事就开始了。也就是说，孩子在学校的冲动，更多的时候是发泄着自己对学校的不满，因为他们在学校的生活得不到充实。学校的规章制度，还压制着一颗渴望自由和成功的心。有压制就会有爆发，这种爆发就变成了孩子的冲动。这样，学校对他们的每一次冲动后的教育，对于他们来说，又都是一次压制，这种压制不久又会变成他们的冲动。孩子就陷入了这样的一个恶性循环，这就是孩子老是教育不好的原因。

孩子的暴力行为给自身带来的感受是：发泄使心境得到了舒展，自己在同学面前的强势使自己有种成功的感觉。在这种情况下，生活似乎才有趣味，这些感受又会加大他的冲动。

父母不了解事情的根本原因就对孩子进行教育，教育自然就不会得法。这种不得法的教育，根本不会改变孩子在学校里的状况。也就是说，不管父母在教育中花多大力气，他们的心理环境也不会得到改变，在学校里他们仍然是一个“霸王”。

# 给孩子一个属于自己的天地

人们把专业的教育工作者叫做“园丁”，夸奖老师时就会说：他像一个辛勤的园丁。可很多人不知道，一个好的教育者，不是“辛勤”二字能概括得了的。不同的孩子就像不同的花草：有的需要充足的阳光，有的需要更多的阴凉；有的需要充足的水分，有的需要干燥的土壤……不同的花草，如果你把它们都放在同一环境下的话，那么由于它们生长的需求各有不同，每种花草自然就不会都长得很好。所以说“园丁”光有辛勤还不行，他还要善于给不同的花草创造出它们所需要的生长环境，这才是一个好的“园丁”。

教育孩子也是这样，不同层次的孩子，他们的需求就会各有不同。如果你把他们都放到一个同样的环境中，不适合这个环境的孩子，他就会极力地去想办法推翻这个环境，在这个环境中，不和谐的事就会不断出现。

有人会说，老师知道因材施教。但在这儿需要提醒的是：如果面对不同的孩子教育的目的都一样的话，教育者在实施“因材施教”的时候，也只能在教育方式上要一点“小动作”。家长把孩子送到学校，一致的目的是学文化知识。中国教育的习惯是，即使孩子在哪一方面很有天赋，谁也没胆量在孩子少年的时候，就尝试着把他培养成一个瓦工或一个厨师。所以说，在教育孩子的时候，也要改变固有的教育思维。

孩子在学校成绩差不说，还在同学中间称王称霸。在这种情况下，家长惯有的教育思维是：教育孩子改变缺点，要他把心放到学习上来，让他们努力提高自己的学习成绩。对于这样的孩子，老师和家长当然也知道进行因材施教，通常的做法只是降低对他的要求，并且在教育方法上对其与其他孩子相比有所区别等。但这样做的效果并不是太好，能浪子回头的人终究是那少数一两个，这就说明教育存在着问题。所以说，对待“典型的坏孩子”，父母的教育方式不能“太保守”。

董玉孜从初二开始就成了学校典型的后进生。他日渐健壮的身体，好像就是上天为他在学校打架而特别赐予的。他在父母给他自费上了高中的那一刻时，初中的老师对于他的离去，似乎到了值得欢庆的地步——学校头疼的问题终于解决了。

到高中以后，身体的强壮使董玉孜的行为更加放纵，没有人能管得了他。他在学校经常打架、骂人，还经常与社会上的不良青年混在一起。更过分的是，他还偷拿或霸占老师和同学的东西。他的父母是做生意的，有做生意的经验，但缺少教育孩子的“智商”。他们对自己的孩子毫无办法。不久，高中的老师对董玉孜的教育也失去了信心，对他的要求已经放到了最低：只要上课不影响其他人就行了，在课堂上睡觉，甚至就是不来上课，老师也不会过问的。

董玉孜似乎成了被学校排除了的教育对象。在这种空虚无聊的学校生活中，他的行为更是变本加厉。他的父亲第五次接到学校要孩子退学的通知，父亲只有再一次请求校长“给一次机会”。这一次是个刚上任不久的年近花甲的新校长，看着孩子父亲乞求的面孔，校长的心软了，但他要求要亲自“会会”这个董玉孜。

新校长从董玉孜班主任的口中了解了情况后，在一个周末，他把董玉孜叫到了自己的办公室。

一进校长办公室的门，校长就指了指身边的沙发说：“玉孜，来坐下。”董玉孜很意外地在校长的身边坐了下来。更想不到的是，校长还起身给他倒了一杯水。这样一来，董玉孜有点不知所措了。水他不敢喝，像往常面对其他师长一样，他在等待着校长的“批斗”。

可这个校长很特别，他拍了拍董玉孜的肩膀说：“长的很帅气嘛！”接着问道：“你喜欢体育运动吗？”

“喜欢。”董玉孜回答。

“喜欢什么运动？”校长接着问。

“足球和篮球。”

“有这么多爱好，在学校怎么还不开心呢？”校长说。

董玉孜糊涂了，他不知道校长的意思。但校长接着说道：“如果你是开心的话，那么你就不会经常去和同学生气。你和别人好闹矛盾，肯定是因为自己不开心。你看，你有那么多喜欢的运动项目，这很好嘛！课余的时候多玩玩足球和篮球，这就是我今天要跟你说的。”

“可妈妈不想让我在玩球上花太多的时间，班主任也只允许我们班里的人在周一、三、五上球场玩。”

“这个你放心，只要你喜欢，我会和你妈妈及你的班主任为这事沟通好的，我还要你组建一支我们学校的足球队。”校长说。校长明白，班主任的要求使董玉孜缺少玩伴。

就这样，董玉孜被校长“重视”了起来，董玉孜把他的几个“死党”以及一群喜欢足球的同学组织起来——这里面更多的是学校里最调皮的孩子。校长还专门为他们修整了足球场。董玉孜告诉校长，在球场旁的一排原木长凳被学生破坏得不成样子，原因是这种板凳凳面有凹槽，一下雨就容易存积雨水，时间一长凳子就会显得又脏又旧，学生就不愿意好好坐，而是用脚踩、在上面刻字，想着法子搞破坏。于是，校长把原木椅子撤掉，换成塑料做的长凳，雨水可以顺着间距流走，长凳就会显得干干净净的。果然，自从换上新凳子后，再也没有学生破坏它。

董玉孜的球队有很多“特权”：他们天天可以利用课余时间在操场上练球，班主任不得反对。对于董玉孜，如果哪一节课他不想去上，他可以选择自己一个人到操场练球，但他必须向校长请示。校长还有一个要求是：只要董玉孜在课堂上，就要认认真真地去听课。

一群调皮捣蛋的孩子似乎是被球场征服了，他们一有多余的时间，就全都泡在了球场上。在孩子训练休息的时候，校长有意无意地坐到他们的身边与孩子们谈话，与孩子们沟通，耐心地对他们进行说服教育。校长还多次到董玉孜家中家访。很快，董玉孜变了，他改掉了打架、骂人和偷东西的毛病，上课也用心起来了，他还帮校长改变其他一些后进孩子。

一年时间过去了，学校里所有的“霸王”都有了很大的进步，尤其是董玉孜。他没有用到一次校长给自己的特权，他不仅学习成绩有很大的提高，球队在市里中学生联赛中还拿了冠军。令人想不到的是，“霸王”还给自己定了追求的目标——北京体育大学，这是很多人都没想到的。

现在可以解释一下校长这种做法的好处：既然对学习不感兴趣，那就叫孩子做感兴趣而又有益的事。孩子在球场上打发了多余的时间，他们在学校的生活充实了不说，还使他们不会有更多的时间和精力去闹事。打球累了，在生理上他们因累而无力去冲动；玩得开心了，他们在心理上得到了满足，就不会在其他地方发泄。世界上最高明的教育方式，都需要爱掺杂在其中的。校长的关爱、尊重也是一股强大的力量，他使这些孩子知道了自重。

因此，父母要记住，对于“坏孩子”， 你给一片属于他的天地，他也能够灿烂起来。这就像是对待一粒种子，我们只要把它放到适合它生长的土壤中去，它就会发芽，更会往上长——这是我们丝毫不用担心的自然规律。

# 孩子因教育上的失败而危险

对于孩子的要求，很多家长首先是要求孩子能成才，在成才的基础上成人。当家长感到孩子成才无望的时候，他们就会在不经意中放弃对孩子的培养，认为孩子学习不好，就不会成为国家的“栋梁”。他们不知道在孩子成长过程中，第一是要孩子成人，只有教会了孩子做人，才能使孩子有良好的基础去成才。家长在培养孩子时，他们对孩子的要求，在心理上往往是本末倒置的，所以说，孩子成长中的警戒线有两条：

一条是从父母对他们实施教育的那一天起，就把孩子的成人教育放在了第二位，但它又常常因父母放在第一位的要求不能得到而会被忽视。这样，就会使孩子长大后有做人方面的缺失，孩子就会有很多坏习惯或坏性子——孩子跨越了这条警戒线，很少有人注意到。所以当孩子有很多缺点的时候，人们往往会把原因归结为“学习不行”，他们不知道正是因为孩子的“学习不行”，而使教育者忽视了对孩子的“做人教育”。

第二条是当孩子不能满足父母对他的学习要求时，父母再也不会发掘他其他方面的优势，从某种程度上讲这是对孩子的一种放弃。这样就会把孩子推向堕落，孩子有时候就会突破道德的底线滑向犯罪的深渊。孩子的父母往往也都在这条警戒线上严防死守。

所以说，在平日里任意妄为的孩子，他们很多都是缺少教育者教他们如何去做人。孩子在学校里称王称霸，在生活中任着自己的性子胡来，他往往就会触犯他成长中的第二条警戒线——犯法。

孩子缺少做人的道理，即便学习很好，他往往也会走上歧途。所以，青少年本身就因为年纪轻,不够成熟,因而自控能力比较差。他们总是好冲动、好感情用事，做事也是不计后果的。在这种情况下，如果没有人对他们加以正确的引导，孩子就很容易变坏了。孩子的这种“变坏”，我们不能把责任推在孩子身上，问题出在对孩子教育的方法上。

实施了打架斗殴、伤害他人、持械群殴的违法犯罪行为的孩子，他们在性格上都是冲动的。当教育者面对他们实施教育的时候，结果总是失败的。在学校里，这样的孩子很少在教育中得到转变，其中的主要原因是：

1. 这类孩子在老师的眼里是最差的。老师的教育，就会在一种偏见下进行，但当一个人有了偏见时，他就不会有好的心态对孩子。

2. 老师面对的是众多个孩子，他对大多数孩子的“满意”，会削弱对问题孩子的要求与期望。这种“削弱”包括老师精力上的分散，使问题孩子不能得到更多的“特别照顾”，而越是有问题的孩子，老师对他的教育就需要投入的越多。

3. 孩子在一所学校里也就生活几年的时间，老师往往有“反正就这几年时间，好坏与我又有多大关系”的心理。在与家长的联系、沟通时，没有及时掌握学生的心理、情绪变化，无法及时对学生的不良“苗头”进行阻止。

4. 在学校里，成绩决定孩子的一切，老师往往以成绩的好坏来评价孩子；当然老师也会以学习为第一要求来要求有问题的孩子。而在人的心理上，总是对他人的第一要求特别重视，忽视的往往是第二及其以外的要求——老师的教育就会在孩子的心里缺乏力度。

5. 老师往往会认为：孩子不听话，是孩子的问题。他不会在自己的方法上找问题。

6. 学校缺乏给学生一个全面发展的良好环境。

不少学校还热衷于应试教育，片面追求升学率，忽视德育教育，对孩子做人道理的教育不够，使孩子在思维方式、个性和人格发展上，就愈加片面和扭曲，使一些青少年缺乏正确的是非、荣辱、善恶观念，严重的甚至发展成犯罪；满堂灌、填鸭式教学方式，使学生产生厌学情绪。

很多父母对孩子的不好印象，很大程度上来源于学校对孩子的评价，因为孩子的行为在家长面前，总会在主观或客观上有几分隐蔽。一个坏孩子胡作非为时，父母不会把担心的重点放在孩子的学习上，而是怕孩子由此而会去做违法的事。他们的说教对孩子已是毫无作用，他们的目的只是要管住孩子不犯法就行了。于是，父母知道孩子只有在学校里最安全，在自己工作忙的时候，学校还有专职的人来看管孩子；再者，孩子在学校里闹，只是违反校纪而已，这比在社会上违法要好。

面对这样的父母和学校，就是很多问题孩子身处的教育环境。而孩子本身呢？青少年正处于生理和心理发育成长阶段，辨别是非、区分良莠和抵御外界影响的能力都很差，于是，孩子的打架斗殴、偷抢扒拿就会由自己性格上的冲动而变成一种习惯。这样，孩子就处于违法的警戒线边上了，没有人有好的办法使他们远离这条线——这就是教育的缺失，问题孩子因教育方法的失败而危险了。

翻开有关教育方面的书，他们的主体都是告诉人们：怎样去教育好一个正常的孩子——但人往往缺少的却是教育问题孩子的方法。教育的失败，对问题孩子教育方法的缺乏，孩子也因此失败。

# 教育孩子的态度

孩子做事不顾后果，有的事已经要触及到法律这条“警戒线”了。孩子不听话，而且父母也没有一个好的纠正办法，面对这样的局面，家长怎么办呢?

要使孩子远离“警戒线”，家长先要明白两个道理。

第一是好孩子是人培育出来的，同样，坏孩子也是人“培养”的。孩子从来到世界的那一刻起，他没有带来任何东西，后来所拥有的一切都是社会给予的。而这一切的得到，都是与孩子的父母有很大关系的。孩子的问题，往往是父母自己的教育问题。

第二是我们不要让孩子去适合你的教育，父母所要做的是让你的教育要适合孩子。家长的习惯思维是总千方百计地使孩子适合自己的教育，而没有把自己的重点放到使自己的教育适合孩子上来。

虽然以上两条归根结底都取决于教育者，但这也恰恰正是父母在教育孩子时容易忽视的问题。对这些没有客观认识的话，父母就不会拿出一个正确的态度和方法来纠正自己的孩子。也就是说，面对孩子的胡作非为，父母的态度和教育方法，是在矫正孩子的过程中起决定性作用的两个方面。

对待有问题的孩子，要有一个好的态度。要把纠正孩子的错误当成是自己的责任——那是自己的错才使孩子面临这种困境的！有了这种心态，当孩子有错的时候，你就不会只去责怪孩子。这就像你培育一棵禾苗，当禾苗因本身的问题而生长欠佳时，你会拔掉它重新栽种其他的禾苗；当由于是你管理不善使禾苗生长欠佳时，你就会用自身的努力，通过浇灌期望它能长好。教育孩子也是如此，而且教育孩子还要避免因偏见而使其受到新的伤害。

很多父母很难有好的态度对待他们那个有问题的孩子，原因之一是父母很失望，自然就没有好的心情；二就是在教育中“严肃”一点，以显得家长有威严。于是，他们的教育就会在气愤的状态下进行，这就很难理智地对待孩子。

在教育方法上的缺失，是很多父母教育孩子最大的难题。因为他们没有教育的经验，通常是一个人结了婚，有了孩子，他们就自然成了教育者。在此期间，他们没有进行任何培训，他们的教育方法只是源于书上的理论和与其他家长的教育心得的交换，但不同孩子的经历和心理是不一样的，这样往往会在教育上出现偏差。

因此，家长在面对将触“警戒线”的孩子时，我们应这样去纠正他：

第一步：尽可能多地去了解孩子。

要想矫正孩子，就要了解孩子，这是家长都可能会知道的，但他们在了解孩子的过程中，可能会忽视一些东西，这包括：孩子的朋友的情况，如爱好、他们最爱的去处、各自的家庭状况等；孩子的“敌人”，如他的敌手、讨厌的人等；孩子面前的状况，如他欠了人家多少钱、他有了哪些麻烦等；还有外界对孩子的评价，这包括正面的和负面的。

——这是对孩子的一个全面“诊断”的过程。

第二步：消除孩子的隐患。

孩子偷抢、打架等往往都是有他的困境的，这种困境正是孩子胡作非为的原因。比如孩子欠人钱的话，他就会心里有压力，当这种压力大于偷抢给自己造成的畏惧时，他就会感到自己与其欠着人钱，还不如去抢别人的钱来还上。这样，孩子就会铤而走险。如果家长把钱给他还上的话，在心理上孩子压力就会减小，孩子的生活隐患就会减少。

父母还要化解孩子与敌手之间的矛盾。如找到与孩子有矛盾的孩子及其家长，要会耐心地进行自我批评，降低对方对自己孩子的敌意，这也就降低了自己孩子与他争斗的可能。

孩子的麻烦少了，生活的压力就小了，促使孩子冲动的因素也就少了。

第三步：对孩子要有切合实际的硬性要求。

在消除孩子的麻烦、关心体贴孩子的基础上，要对孩子有所要求。

对孩子的要求先不要太高，父母要给孩子明确的态度：你还有哪些“困难”，有“困难”提出来，爸爸妈妈一定给你解决。然后要向孩子提出：哪些范围之内的事不能做，要求孩子“做与不做”一定要想通，想不通的事向父母说，父母不会怪你，更会给你解决。还要要求孩子对于自己的“做与不做”的事，在父母面前要给出理由。比如，一个孩子在学校里又一次把同学的手机给砸了，孩子知错了还不行，一定要知道砸手机的理由，因为家长掌握这些情况，对孩子以后的教育是有好处的。

有的家长会用“不准再打架”或“不要再偷东西”来要求孩子。这样做不妥，因为在你要求孩子时，孩子会尴尬不说，要求也是很肤浅的。

第四步：总结。

对于教育的得失，要一周一总结或及时总结。总结分两个方面：

一是父母自己要总结教育孩子的经验，哪些方法是有效果的，哪些是自己的失误。这样来改进自己的教育方式。

另一个是对于孩子的总结。孩子又有哪些新的情况，下一周需要防范的新情况有哪些等。还有就是对于孩子上一周的表现作出评价，父母要以鼓励孩子为主，对于孩子的进步，父母要使孩子感受到自己因他的进步所带来的快慰。这种总结在孩子的心里，他会看成是父母的教育的一种持续，孩子也会重视父母的这份关注，从而会努力地做得更好。

第五步：惩罚。

对于孩子的错误要有惩罚，但这种惩罚要以家庭娱乐为主。不要将父母的惩罚变成与孩子之间矛盾的源泉，要把对孩子的惩罚变成与孩子的一种沟通方式。也可以这样说——要在“惩罚中”与孩子沟通。

有一对父母对孩子错误的惩罚是这样的：当孩子打一次架的时候，他的妈妈就要求孩子亲手给自己做一件礼物，以此来要求孩子表达对辜负父母期望的歉意。这些小礼物往往是妈妈和孩子一起完成的。

家有将触“警戒线”的孩子，对其教育就要有一定的力度，孩子的问题越重，父母教育的力度就要越大。在处理方法上就要越细致，这样就会使孩子远离“警戒线”，就是不能成才，也会成人的——这也是一种成功的教育结果。

# 第二章
# 培养孩子自立

# 拒绝依赖

当孩子对一件事和一个人，在心理上有很强的需求时，他就会对其表现出很强的依赖性。因为孩子的心理是不成熟的，也正是这种不成熟的心理，使他对自己感兴趣的东西就容易产生依赖，其依赖性也就越强。可是，一说到孩子的依赖性，很多人仅仅只会联系到孩子对父母的依赖，父母也只会注意到孩子对自己的依赖，好像孩子要想克服依赖性强的缺点，父母只教会孩子自立就可以了。其实这对依赖的理解是不全面的。

孩子最初的依赖性仅仅只是对父母，但随着年纪的增长，他就会对很多东西产生依赖性。孩子对父母的依赖只是对亲情的依赖，当然，还有自己小时候由于弱小需要保护的那份渴望。渐渐地，孩子对一切自己感兴趣的物、对异性和某种思想等等都会产生依赖，这些依赖有的产生过早，有的就不该产生，但所有的依赖最初的起源都是孩子对父母的依赖。

现在的青少年，他们处处都离不开父母，生活中的事情都要依赖父母才能完成。在孩子小的时候，家长包办了孩子的一切，从吃饭时的盛、端、喂一条龙服务，到生活中的吃、住、行全程跟踪。有一些家长还无原则地满足孩子的一切要求。在父母看来，这是父母在尽自己的责任，但等到孩子长大以后，父母就会发觉自己的孩子什么都不会做。这时，这些父母就会陷入对孩子能力差的抱怨和纠正的漩涡中。家长对孩子“爱”得过分的话，就会造成孩子对父母的过分依赖，这种依赖心就会影响孩子心理的健康发展，也将影响他未来的生活，甚至影响到长大成才。

所以，家庭教育中父母的最大失误是：孩子小的时候，家长只知道一味地宠爱孩子，不知道在爱中贯穿些教育元素。他们把“养孩子”当作了是对孩子的教育。他们对于孩子的溺爱，有的是以“孩子小”来作为借口，还有的是孩子小时候的“可爱”软化了父母的心。当孩子长到十五六岁的时候，孩子的“低能”给他们带来了恐惧，于是就表面收起爱的心肠，板起面孔来，把所有的心思都集中在对孩子的教育上，来个“教育突击”。

对于孩子自理能力的提高，很多家长进行“突击教育”的时候，他们也知道对孩子“慢慢地放手”。不可否认这是“突击教育”很明智的做法，但问题往往就出现在对孩子“慢慢地放手”的过程中。很多父母没有什么策略，他们只是把“慢慢地放手”定义在减少帮孩子做事的数量上，他们不知道培养孩子做事的兴趣，教孩子做事情的办法，不会处理要孩子做事与父母爱孩子在孩子心里的矛盾关系。他们觉得教育是很严肃的事——这没有错，但很多父母把这种严肃显现在脸上，而不是在内心真的重视。而父母从孩子小时候的“无微不至”，到孩子大一点时的“突击教育”，这种反差会使孩子在心理上感到很突然，孩子不成熟的心理也会接受不了父母的变化，这就会使父母与孩子在感情交流上出现不畅，这也可以解释为何孩子大了就不愿与父母沟通的原因。

很多父母只认识到孩子对父母有依赖性，他们不知道孩子长大后，这种依赖性会辐射到社会的各个方面，以及一些不同的对象。当你调节不好自己孩子心理的时候，孩子很快就会转嫁这些依赖。因为当孩子依赖惯了，有了很强的依赖心理后，一旦失去依赖，就会造成他们心理的失衡。依赖不了亲情时，他们就会转移依赖的目标，去寻找新的安慰。因为孩子的依赖是一种天性，父母既要给予孩子一定的依赖，又要教会孩子自立。很多父母注意不到这点，在教育孩子自立的时候，完全推开孩子对自己的依赖，于是，就过早地把孩子撵向社会。在这种情况下，孩子就会依赖一些社会的元素，比如某个团伙、网吧，还有的依赖朋友……孩子的自立能力没有培养好，新的问题却出现了：早恋、迷恋网吧、追星、与人打斗……

从孩子跨进青春期并具备一定的独立意识的时候开始，他们脆弱的心理极会依赖一些东西。这包括情感上和一些情感以外的事和物。因为他们这个时候的独立意识是不成熟的意识，这种意识强化着孩子的依赖性。于是，孩子表现为离不开父母、沉溺于网吧、拉朋结党……这是孩子在成长的过程中必然要经过的阶段，如果父母处理不好，对孩子的成长就会很不利。因为孩子的任何一种依赖，也就意味着放弃对自我的主宰，这样往往不能使孩子形成自己独立的人格，也不利于父母培养孩子控制自己的能力。如此，孩子遇到一些事就容易失去自我，遇到问题时，自己不积极动脑筋，往往人云亦云，很容易产生从众心理。

孩子对父母的依赖，往往是因为父母对孩子溺爱的结果。比如，所有的人都认为这一代的孩子和上一代相比，不仅经济条件宽裕许多，而且每一个孩子都有父母“无微不至”的照顾。 正因为如此，很多孩子长大后仍无法自理生活上的事，小到吃饭穿衣，大至社交活动。孩子什么事都依赖父母包办，这就严重影响了孩子独立人格的发展。 所以，为人父母者，不可过度溺爱孩子，否则要为自己孩子的依赖性付出代价。

中国有句话叫“慈母败子”，这里的“慈母”就是指对孩子溺爱的母亲。韩非子有句话：“人之情性莫爱于父母，皆见爱而未必治也。”也就是说，人与人之间没有哪种感情能比得上父母爱子女的。但是只有“爱“，没有“法”，就不可能培养出好孩子来。

有一个中国古时候的故事，说一个从小就被母亲溺爱的少年，在被砍头前要求再喝一口母亲的奶汁。他的母亲悲伤地解开衣服来喂他，没想到这少年一口将母亲的乳头咬下。这位少年恨他妈妈的溺爱害了他。

现在，孩子成了家庭的中心，“呵护有加”成了家庭教育的方向，自己的孩子受委屈是父母最大的忌讳。这些父母让孩子在家庭中处于特殊的地位，对孩子的任性采取百依百顺的态度。在父母的溺爱下，孩子在做事时无法建立基本的抑制，不能很好地抑制自我和建立独立本能，这样往往使孩子走向毁灭。

十六岁的王明，是一个刚进高中的女学生。这个孩子有个习惯，就是稍遇到一点困难就受不住，回家对父母哭丧着脸，抱怨这抱怨那。每天正常的生活自理都不会做，许多事情都由父母代劳完成；在学校受到一点委屈，就要求父母出面交涉。王明不仅对父母依赖性强，而且情感上也脆弱，家里人根本也说服不了她的任性。

由于以前在家过于依赖父母，上高中时离家很远，学校是寄宿制的，这样王明的学校生活就显得很吃力，很多事情都是靠同学的帮忙，不然，她就不知道自己该怎么做。

如果说王明父母的溺爱是根源，那么，王明对李清的好感则是悲剧的开端。

由于王明需要同学的帮助，这样，同班的一个大男孩李清就走进了王明的心。李清是班里最调皮的一个孩子，父母离异，也没有人去管他，在班里表现很不好。但这个孩子是个热心肠，他常常帮着王明做一些事，比如说帮王明打水、买饭等。

这样，他们平静地过了一个学期。在高一下学期，少女特有的情感开始在王明心中骚动。她把在家对父母的依赖全都嫁接到李清身上。由于常得到帮助，王明觉得李清很能干，对身边的其他同学开始不屑一顾，认为他们太差，李清正好是她眼中完美无缺的男子汉形象。这样，王明越来越崇拜李清、迷恋李清了。王明常以各种借口去接近李清，哪怕只是一小会儿，心中也会感到莫大的安慰——王明坠入“情网”了。

李清本来就是一个“姥姥不疼舅舅不爱”的孩子，他感觉到了王明对他的好感，自然也就心领领神会，在学习和家庭失败的同时，心里也获得不少安慰。一对初露人生芬芳的中学生，就这样深深地陷入了“爱河”中。

王明成绩本来还不错，坠入“爱河”以后，她在心里就不再把学习当作是第一位的了，加上李清本来就不是一个好孩子，受到这种影响，王明的成绩自然就下降得厉害。

面对李清和王明的这种状况，一个是没人管，一个是管不了。学校对王明和李清的事似乎也拿不出什么有效的措施，只有批评教育。面对学校很厉害的批评，李清倒无所谓，王明却感到在学校抬不起头来。王明很矛盾，她开始讨厌学校，因为有李清的存在，又舍不得离开。而李清早就不想待在学校了，这样，他们想找一个属于自己的空间。直到离学校不远的镇上开了一处网吧，他们似乎找到了属于自己的领地——他们常常沉溺于网吧中。他们成双入对地进出于网吧，逃课成了他们的家常便饭。这样，一个从调皮蛋过渡到网虫，一个则是从规规矩矩的好学生堕落到网中的“瘾君子”。

这样的生活又过了一学期，在此期间，没有人真正地关怀这样一对孩子。就在高二上学期的一天，他们在网吧里待了很长时间，当他们精神恍惚地从网吧出来的时候，已经是夜里十一点了。这个时候，他们不敢回家或者是回学校了，他们无处可去，就躺在河滩的草地上看着天上的星星，由于太累就睡着了。

第二天，人们在相隔不远的地方发现了他们的尸体。

原来，在当天夜里零时，河上游的水库放水，他们被水淹死了。

当他们的亲人在为他们悲痛的时候，或许仅仅把这起悲剧算在水库的头上，没有多少人会想到“依赖、网吧”等字眼，更不会想到他们父母教育的失职。依赖的罪与罚，往往是极其隐蔽的。

因此，要教育孩子自己的事情自己解决。告诉孩子：哪怕你完成得没有别人好，那终归也是你自己的劳动成果。只有一次一次的不好，才能换来以后的完善。如果孩子总是习惯依赖别人，那么他的一生将始终依靠他人。父母一定要从小就开始鼓励孩子独自去完成一些事情，以培养孩子的独立能力和对事情判断的能力。孩子们应该成长为一棵大树，而不是一根经不起风吹雨打的小草。

# 心急吃不了热豆腐

现在有很多天资聪明的孩子，学习成绩也非常好，但在生活和情感上却是一个低能儿。就是到了十七八岁，他们对父母的依赖性还是很强，比如：孩子不敢自己一个人在家，非要有人陪伴才行；孩子的衣服自己洗不了；自己不会做饭，父母要是没做饭，孩子就下饭馆去填饱肚子；孩子出门时不知道自己该带什么东西；穿衣服不知道怎样搭配，需要父母指导……这些孩子在遇到一些任务、一些事情、一些困难的时候，他们已经养成了习惯，首先想到的不是依靠自己的能力去解决问题，而是采取等、靠的方式，向他人寻求帮助。就是一件举手之劳的事情，完全可以自己解决的，孩子也习惯于依赖他人；再一个，这样的孩子渴望别人对自己友好，如果人家不太友善，他们心情就会沮丧。孩子有这种情绪，他就会靠别人来决定自己的心情，这种不正常的心理就是情感上的依赖。

于是，即使父母特别忙，他们也会听到自己孩子的求助声：

## 第二章　培养孩子自立

“妈妈，我的东西收拾好了没有？快一点儿嘛！”十七岁的儿子懒洋洋地躺在沙发上。

“妈妈，你还不回来呀？我的肚子都饿死了！”上高二的儿子打电话催促说。

“妈，今天我该穿什么衣服呀？在哪儿？”女孩胡乱地扯着柜子里的衣服，焦急地说。

造成这种现象的根源，是大多数家庭的孩子都是独生子女。孩子自幼就有父母、爷爷奶奶、外公外婆六重关怀，这种过度的宠爱，往往导致孩子的日常生活严重依赖亲人，也造成了孩子长大以后生活自理能力极差的后果。面对孩子的这种局面，家长往往很矛盾，他们对自己孩子这种依赖性在内心中很是不满，但他们还是替孩子在做着事情。替孩子做事已经是家长的习惯了，以前是孩子小不会做，现在是孩子不愿做，可能也做不了。父母面对孩子的这些状况是无奈的，同时，在孩子出现这种状况时，他们都会有一种紧迫感，因为孩子即将上大学，或走向社会，要开始独立生活了，再要是不能自立，那是要吃苦的，于是他们只有来个“突击教育”。

这里的“突击教育”，就是父母对孩子的态度方式突然地转变，以使得孩子改变由于父母先前对待孩子那种态度所带来的缺陷。这种教育方式在目前的家庭中很是常见，父母一般都会和孩子先谈一次，他们会直截了当地告诉孩子：“要自立，你已经长大了，要学会做事，从今以后要干嘛干嘛。”这在很多人看来是不会有问题的。但这时的父母常忽略的问题是：孩子会感到太突然了，他会很恐慌。原因是父母告诉他，他将要承担生活中的一些事，而这些事中有很多是自己一无所知的，自己根本就不知道该怎样去做；再一个，多少年来自己习惯的生活模式就要被打破——困难总会令任何一个人心烦的。还有，孩子会有一种失落感。这就像在一个公司里，一个员工的薪水一直是5000元一个月，一天老板突然跟他说改为4000元一个月，就是能力不值4000元的员工，他也会不高兴的。

这样的家长在培养孩子自立的问题上，他们这种突然的做法并没有考虑到孩子内心的想法。孩子也依然保持着他的习惯，当孩子向父母求助或遇到一件事在期待父母时，更多的家长采取的做法是：

孩子把事情做得好或歹，父母都不予理睬。他们对孩子全面放手，因为已经对孩子有言在先——孩子要去锻炼自己。

“事情太急，还是帮孩子一回吧！”父母有时会这样想。

“孩子太可怜了，还是我来做吧。”父母有时生出怜悯之心。

父母有时也抱怨孩子：“真笨，这点小事都不会。”

……

这就是他们培养孩子自立的方式方法。家长的想法是：孩子都这么大了，应该会做事了。以前孩子过着饭来张口、衣来伸手的生活，什么事都不做，一是孩子有惰性，还有一个就是自己太溺爱。现在要逼一逼孩子，不然，孩子就没法过即将到来的独立生活。

家长的想法看似没有什么错，其实他们忽视了孩子的心理状态不说，他们还高估了孩子的现状。这个时候的孩子，对自己生活上的一些事，他是不会把握好的。就拿洗衣服来说，一件衣服，先放多少水，放多少洗衣粉合适，泡多长时间，衣服要重点搓哪些地方，搓多长时间……这些细节在一个能熟练洗衣的大人看来，可能是一件小事，但对于一个从来没洗过衣服的孩子来说，就是一件难事。

孩子要做很多事情，这些只有在实际操作的过程中，孩子才会全面地掌握。但父母在“突击培养”孩子做事的过程中，往往是用语言指导的，这就使得孩子不太容易弄清楚如何去做事。当然这大部分是父母指导不太清楚的结果，因为不管父母有多聪明，他们对生活琐事都是一边总结一边教给孩子的，出现一些偏差都是很自然的，孩子学不会也就不会很利索地去做事了。

# 自立是逐渐培养的

培养孩子，就是教孩子去跨越人生的台阶，生活、学习和工作……人的一生有无数级台阶，孩子在攀登这些人生的台阶时，不同的父母的做法是不尽相同的。有的是牵着孩子的手搀扶着上，有的是抱着孩子直接上，还有的是先教会孩子再叫孩子自己上……但是结果是，被家长牵着、搀扶着和抱着的孩子，就对父母有很强的依赖性，常常把父母当成是他们生活的保姆和拐棍。这些孩子往往在长大后难立足于社会，更别说大有作为。

孩子依赖父母做事的习惯是孩子从小就形成的。同样，想要纠正孩子的这一行为，也不是一两天就能办到的。在培养孩子自立的过程中，家长的耐心尤为重要，过于仓促或激烈的矫正方法，不但会使孩子误认为自己长大后由于很多不足父母就不再喜欢他，而且会对他的心理造成伤害。所以说，对孩子自立的培养，最有效果的教育方式，就是从孩子小时候就注意对孩子的自立教育。

杰姆夫妇是美国有名的家庭教育指导师。他们十分注重孩子从小自立能力的培养，在他们的儿子一周岁左右刚会走路的时候，他和年轻的妻子一次把孩子带到公园的广场，等到要上台阶时，小男孩猛地挣脱开了母亲的手，孩子想自己爬上去。

如果是中国妈妈，这时肯定会惊出一身冷汗，她们不会允许孩子做这样的冒险，她们怕孩子摔倒、摔伤。对于孩子的这种举动，中国更多的妈妈要么是把孩子抱上去，要么是因孩子的这种“不轨行为”而“怒火中烧”。

这位美国妈妈则不同，当孩子手足并用地向上攀爬时，杰姆夫妇没有阻止孩子的意思，更没有抱他上去的想法。当孩子爬上第三个台阶时，孩子可能感到台阶有点高了，他回头看了一眼他的妈妈，眼睛里充满着求助。但杰姆夫妇并没有伸手去扶孩子，而是用充满慈爱的眼神来鼓励他。小男孩放弃了让父母抱上去的想法，手脚并用很吃力地向上爬了起来。孩子那身崭新的衣服也被弄得都是灰尘，小手也脏了，但孩子最终还是爬上去了。杰姆夫妇这才上前抱起儿子，并在孩子那苹果般的脸蛋上满怀赞赏地亲了一口。

在美国，不仅是家庭教育指导师会这样教育孩子，很多家长也都会在孩子小的时候就注重培养孩子的自立能力。

在美国的学校，有专门“收破烂”的地方。就是一些百万富翁的儿子，你也可以经常看到他在校园里拾垃圾，他们把收集起来的破纸、冷饮罐送给学校，向学校换取一些报酬。在中国，这种做法可能会遭到别人的笑话，自己也会拉不下脸来。但在美国，这些“拾破烂”孩子不会觉得有什么难为情，反而觉得自己挣了钱，还会在同学面前感到自豪。有的经济状况不好的家庭，在孩子八九岁时，家长就鼓励他们在课余时间里去打工、送报挣零花钱，家长的目的是培养孩子的自立能力。

石油大王洛克菲勒的家族就十分注重孩子小时候自立能力的培养。小洛克菲勒小时候的零花钱是要自己“挣”的，他给父亲做“雇工”。父亲平时便要他到田里干活，有时还要他帮着妈妈挤牛奶。他把账目记在自己的本子上，然后再与父亲一起结算。小洛克菲勒做得很认真，在这中间他感到有无穷的趣味。更有意味的是，洛克菲勒的第二代、第三代乃至第四代，都严格按照这种方法教育孩子。当然，孩子不是只要做了就行，家里还要定期检查孩子们做事的效果，效果不好或有谁不用心，那就一分零花钱也不要想从父母那里得到。

或许在中国，有很多父母觉得，自己没有那么多的时间去这样做。可能很多人还觉得这样做是对孩子的折磨，父母肯定也是个吝啬鬼。但洛克菲勒的家族让孩子这样做，当然不是因为吝啬，也不是父母有意苛待孩子，而是想通过这种方法，鼓励并培养孩子艰苦自立的品格。孩子的劳动过程更是孩子接受考验和磨炼的经历。

如果中国的家长知道从小培养孩子的自立能力，孩子就很难给家长带来完全依赖父母的困惑。当然，一不小心孩子有了很强的依赖性，大事小事都是父母包干。我们在对孩子的教育上也不要太急，要逐渐矫正孩子的依赖心，且在矫正时讲究策略和方法，这样才会有效果。

郑宇是个16岁的男生，今年已经高二了。如果妈妈不来收拾，他的房间总是凌乱不堪的。郑宇从来不知道收拾自己的房间。从郑宇上幼儿园开始，十一年以来，妈妈都是在每天晚上郑宇睡着后过来为孩子整理房间，并且把郑宇第二天要带的东西备好。每天早晨，郑宇也是靠妈妈催他起床，如果哪一天妈妈上夜班不在，郑宇肯定就会上学迟到。郑宇的大小事情都要由父母安排好的，哪天父母一旦不在，他就不知道自己该怎么办才好……

孩子在小的时候由于自理能力相当差，对父母产生依赖心是可以理解的。但随着孩子逐渐成长，到了完全可以照顾自己时还依赖父母，这就不正常了。郑宇的父母很着急，他们要改变孩子的这种状况。

对于孩子的现状，郑宇的父母急在心里但慢在手上，他们知道矫正孩子任何一个缺点都不能太急。他们先给郑宇提出一些要求，让郑宇自己完成。有时父母也帮一下郑宇，当然，在帮的过程中，父母给孩子更多的是一些做事方法上的指导。

中国人有这样一种心理：自己孩子就是长大了，在父母的眼中也还是个孩子。一个16岁的孩子，还正是学习紧张的时候，这使更多的父母会觉得自己的孩子还小，负担不起太多的东西，叫他去做事，会于心不忍——这也正是一些父母在教育上欠缺的地方。

其实，随着孩子生理的发展，他们身体的活动能力在增强，孩子内心的自主性也开始发展，独立性也在逐渐增强，这是一个人在生长过程中必然的现象，这也正是家长帮助孩子形成良好习惯的好时机。这时坚持给孩子提出一些要求，让他们自己完成，对于孩子自立能力的培养是很有效果的。当孩子看到用自己的双手完成了许多事，他们的自信心和责任感便会增强，从而减少对家长依赖的心理。

在改变郑宇的过程中，郑宇的父母根据情况对郑宇提出一些适当的要求。他们的要求也不高，难度也不会太大，都是郑宇力所能及的事。他们知道，难度大的事会使孩子产生畏难情绪，还有可能产生自卑心理；要求过低孩子又会觉得没有挑战性，不能激起郑宇做事的兴趣。所以，郑宇的父母尽可能让他从小事做起，并要孩子和自己一道参加家务劳动，在劳动中教孩子做事，这样就培养了郑宇的自理能力，逐渐使郑宇变得有独立能力。

郑宇的父母在教育孩子的过程中，还运用一定的策略，改变孩子已形成的依赖心理。郑宇的父母发现孩子有依赖性，先了解孩子依赖心理形成的原因，然后对症下药。比如，郑宇每天早上的起床问题就让家人费了不少心思。郑宇每天都要父母叫醒，有时要叫好几次，可郑宇总赖在床上不起。一旦上学迟到了，反而会责怪父母没有及时把他拉起来。面对这样的情况，父亲对郑宇说："我很同情你的遭遇，但上学是你自己的事，晚上你可以先上好闹钟，早晨靠闹钟叫你，今后再没有人叫你起床了，迟到了你自己来负这个责任吧。"当然，父亲对郑宇是很了解的，他知道儿子是很注重自己在班级里的形象的，他会觉得迟到很丢人。这样的明确要求效果很明显，以后只要闹钟一响，郑宇就立即跳下了床。

值得提醒的是，在这个过程中家长要对孩子有耐心，不要因孩子做得不好去批评他们，或和孩子赌气不让他们做了，父母亲自去做，这样的教育心态就会使你的教育前功尽弃。无论孩子做得好不好，都要尊重他们的行为，因为能做就是最好的。夸奖了孩子，孩子就会感觉到自己被认可；针对孩子的不足，要委婉地告诉孩子："如果再努力一点，你做得就会更好了！”让孩子的能力得到展现，孩子就会相信自己的能力，他就会感受到自尊和自信，这样，对于孩子自立能力的培养也就不难了。

# 没人理解孩子心中的“情”

孩子的早恋，是任何一个中国家长不愿看到的。不愿看到孩子早恋，扼杀孩子过早的恋情，已经成为现在一些家长的本能。家长不愿看到孩子早恋的原因很简单：

一是怕丢了自己和祖宗的脸。

二是怕孩子变坏，耽误孩子的前程。

除了这两条理由，再也不会有父母特别担心的了。至于早恋有可能会对孩子身体和心理造成伤害，一是家长想不到，另一个就是家长不敢想。

孩子通常意义上的早恋，是在一个不恰当的年龄，由于生理的原因产生对异性的吸引，这种爱慕的感情叫早恋。这是很多人对早恋的定义。小孩子异性间的玩耍会定义成童真童趣，成人之间的爱恋会定义成美好的爱情，只有早恋在很多人的心里是一个“贬义词”。这种感情是得到最多人“阻扰”的一种，它给人带来的烦恼是：孩子伤心，家长闹心，学校烦心。有人把孩子的早恋看成是一个社会问题，而这种社会问题，更多的人是把它看成是孩子的问题，其实这种社会问题应是家长的问题，是教育的问题。

父母如何看待孩子的早恋，以及他们对孩子早恋的处理，这些都是很多家长弄不清楚的事。在一些父母看来，他们不去找孩子早恋的原因，对于孩子的早恋，只有“会有碍于孩子学习”这样一个结果性的认识。对于不好的东西就要阻止或扼杀，这也是他们“义不容辞”的责任。还有一些父母，他们简单地认为，孩子早恋是生理发育带来的不良结果，早恋和人的生理有密不可分的联系。有一些专家一谈到孩子的早恋，就会谈到孩子生理的发育，就会和人的性联系在一起。他们有时夸大了性与早恋的联系。专家的这种武断，使家人在看待孩子早恋时，无形中增加了很大的压力和恐慌，还会给一些孩子依恋异性的心理蒙上了一层“丑陋”的阴影——这些对于父母的教育和孩子心理成熟有时会形成一种误导。在这样一个社会环境下，孩子的早恋对于父母来说，总是一个难以处理的问题。

父母在针对孩子早恋进行教育的时候，他们似乎忘了自己情窦初开的时候。不可否认，很多父母曾经也会有早恋，那是自己的初恋，他们会把那份曾经的伤心和流泪、喜悦与欢欣，看成是自己最美好的经历，对于那份经历的珍藏，现在已经变成了他们最美的回忆。父母在处理孩子早恋问题时，要能先想想自己初恋的话，至少是先有了理解孩子的基础。

要想处理好孩子的早恋，还要了解孩子。现在的孩子到十三四岁的时候，性别特征就会逐渐地明显，特别是现在物质生活的丰富，孩子的营养都很充足，孩子的很多方面会提前发育成熟。但孩子的心理又是不成熟的，对于自己的发育现象和心理的变化，孩子就会感到很是羞怯，孩子的羞怯在一定程度上会阻止青春期带来的性冲动。因此，他们对异性的好感是源于发育，但不一定起于发育。可以这样说，早恋的孩子极少是因为生理上的需求，如果仅仅用生理的需求来解释孩子的早恋，这不是一个合理的解释。早恋的孩子，更多的是他们在心理上对异性情感的依赖。

情窦初开时的少男少女，他们在情感上往往会出现彷徨期。这时的孩子，正由童年的感性逐渐过渡到理性的生活，也就是说，他们开始去思考生活，他们的心理也正是在这种思考中走向成熟。这个时候，他们充满着迷茫不说，他们的思想在生活中也很难找到认同，就是最亲近的家长，他们对孩子的心态也还是停留在孩子儿童时期的那种状态。这时，孩子的情感就会出现真空，他青春期的那种特殊的情感再也无法寄托在父母的身上，唯一可以寄托的是和他们有一样感受的同龄人——男孩和女孩。他们有共同的语言，这样，他们彷徨的心有了寄托，他们在情感上会得到满足，逐渐就会依赖对方，同性间就会成为好朋友，异性间也会成为朋友，只是有的是普通的朋友，有的发展成了早恋。

所以说，孩子的早恋更多的是情感上的一种依赖，生理上只是早恋的一种添加剂。这种所谓的情感，只是一个人从幼稚走向成熟的一个过渡的情感，它能令一个人有长久的回忆。但这种感情在生活中停留的时间是很短暂的，它就像在幼稚与成熟间的一架梯子，早恋中的异性，正是上梯子时的扶手。更多的父母不知道及时地去充当“扶手”，他们想的更多的是如何把孩子的“扶手”断开，他们不知道孩子正走在一个晃晃悠悠的梯子上，父母越不给他们依赖，他们就越依赖这只“手”，并想方设法抓住它。孩子抓得越牢，父母断的意识就越强烈，往往就因孩子的早恋造成了父母与子女间的矛盾，有的还会越演越烈。

一些家长在面对孩子早恋的时候，要么是防微杜渐，事前对孩子百般地提醒早恋的害处，使异性在孩子心中成了洪水猛兽；要么对孩子的早恋进行围追堵截、严密监控，使孩子的心理伤痕累累。只要听说子女与异性接触，便大打出手，并加以威胁：“不准与之来往，否则打断你的腿！”却不知这样的举动，更能驱使孩子去体验与异性交往的感觉，甚至变本加厉。

——这样的教育根本谈不上有什么效果可言！真正有效果的教育是：要么你有能力给孩子一个“扶手”去让他依赖，要么你就告诉他如何正确地去“抓”这个“扶手”，去依赖。这样使孩子安全地走过了这段必然要走的“梯子”后，孩子才会变得更出色。

# 孩子早恋重在疏导

生活中解决任何一种矛盾，如果一个人先是指导思想错了，那他怎么也解决不掉这个矛盾。对于孩子的早恋，父母要有一个正确的心态，再加上正确的处理方法，这样，遇到孩子早恋的问题时，处理起来就不难了，否则你会举步维艰。

青春期的孩子对异性产生好感是自然的事，当然这种好感不一定就会导致孩子早恋。有的父母在对孩子早恋防微杜渐的时候，首先是来个“釜底抽薪”，他们想办法削弱或推迟孩子对性的渴求，以期得到防止孩子早恋的目的。其实孩子在进入青春期后对异性产生好感，这就像“天要下雨，娘要嫁人”，这是阻止不了的自然规律。如果非得要改变孩子的生长规律，很可能会造成孩子心理的畸形，这是很可怕的。前面提到过，孩子早恋，不能把全部的原因都归结为他们对异性的好感。孩子早恋，有很多综合的原因，比如孩子青春期缺乏家长的引导，迷茫的情感无所依赖，父母对其情感的缺失……这些都是造成孩子早恋的原因。所以，家长在对待孩子早恋的问题时，解决它也应该从多方面去着手，这样才能使孩子口服心服，自己主动地改变早恋的现象。

对于情窦初开的孩子来说,早恋只是冠以“爱情”的名称而已，他们没有能力去探究和掌握爱情的真正意义。但在孩子当中,有一些孩子却已实实在在地步入所谓的“爱河”,心中还涌动着一股股幸福感……

青春期的孩子思维活跃，他们渴望与同龄异性交流，渴望得到性的知识，对性和情感也充满好奇。但是父母在这方面给予孩子的要么是斥责，要么是冰冷的沉默。父母很少主动地在孩子青春迷茫的时候，在情感与性方面疏导孩子，有时与“早恋”毫不相干的异性间相处，却动辄被大人扣上“早恋”的帽子来加以扼杀，孩子不会得到尊重和理解。这样的教育方式对孩子的成长是极为不利的。

一个初到美国的华裔家庭，他家的女孩子闹着要转学。原因是这个才十二岁的女孩子，到一家美国小学里读书，她是第一个出现在学校里的黄皮肤、黑头发的女孩子，这个孩子在班上就显得格外引人注目。不久，就有一个美国男孩子在班里宣称他爱上了她。

这种大张旗鼓的“早恋”，在美国学校里是常见的事，因为美国人很“开明”。

可这个中国小女孩对待别人的示爱，她不像西方小女孩那样引以为豪，而是十分生气。那个美国男孩却坦然地找尽一切机会来对她表示亲密。对待这种现象，美国老师也不像中国老师那样如临大敌，他们似乎对这一切都不太关心。有一天，女孩生病没有去上学，美国小男孩居然在班上大哭起来，说是没有这个中国女孩子他就不能继续上课，他要回家。老师既没有批评他，也没有阻挡他。

发生了这样可笑的事，在中国，更多人对这个孩子的定义就是精神有问题。家长就是不引以为羞，也要引起深深的忧虑。而那个美国孩子的家长如何反应呢？当孩子告诉他的妈妈要和这个女孩结婚时，那孩子的母亲说：“那很好，但是结婚要有婚纱、戒指，还要有自己的房子，这要花很多很多的钱。可是你现在什么也没有，连文具都是妈妈给你买的。你要和这位女孩子结婚，从现在起，就得努力学习，将来才有希望得到这一切。”

那时男孩子居然擦干了眼泪，从此就十分用功地学习起来。

在中国，如果出现这种现象，人们会说他们一家子都是“神经病”的。这种现象不仅在美国，就是在西方很多国家也有这种现象，但你又不可否认，中国的教育与这些国家相比，并不是最好的。中国的家长，是不是也要学一学这位美国妈妈呢？同样是水,同样是治,功不在于水,而在治水之人。解决孩子们早恋问题也是如此。

这是一对父母对待儿子早恋的故事：

孩子考进高中时成绩在学校名列前茅，而在进高三之前，孩子竟然没挤进重点班。父母当然很着急，后来打听到原来是儿子暗恋班里的一个女同学。

在孩子心情好的时候，父亲找了一个比较好的环境，他想与儿子用谈话的方式把问题解决掉。

父亲不是去跟儿子说“你做错了，我现在很恼火”，而是先告诉孩子自己的“秘密”——与他妈妈恋爱的过程。他把自己的“隐私”说给儿子听，这更容易打开儿子的心门。要听到孩子真实的想法，家长就要尊重、理解他们，在互相平等的基础上沟通，通过疏导、教育让子女在心里接纳你。

等儿子饶有兴趣地听完父亲的“隐私”，这位父亲问儿子“你现在有自己心仪的女孩子吗？如果有的话，爸爸为你高兴，说明你长大了；你还有什么烦恼和压力？爸爸愿意来帮你解决，因为你是我最爱的儿子。”

这时，孩子便低下了头。很显然，孩子想把苦闷的真正原因说出来，他在等待父亲的反应。看到儿子的这一反应，父亲笑着对他说：

“你有什么问题？愿意把具体情况说给我听听吗？你希望爸爸帮你做什么呢？”

于是，儿子给父亲讲起了他的故事。从高一起他和阿云就非常要好，但不久前两人因为一件小事发生争执，阿云从此不理睬他了——阿云不愿再和他做朋友。儿子为此非常苦恼，常常精神恍惚，觉得生活没意思。

为了进一步了解儿子内心的真实想法，父亲说：“我理解你现在的心情，我也体验过喜欢一个人而不被理睬的感受，但做朋友是两方共同的愿望，也许阿云不愿意与你做你所希望的那种好朋友呢？”

儿子听了父亲的话，急忙说：“我只是想与她做好朋友，不是谈恋爱。”儿子着急的表情告诉父亲，他非常喜欢阿云，但又不想在父亲面前承认，只好以当好朋友为借口。父亲没有直接点破，而是说：“也许阿云只是想与你保持一种同学关系呢？就像你不能与其他所有同学都做好朋友一样。”

儿子听了父亲的话，没有立即反驳，反而开始沉思起来。父亲知道，儿子觉得自己的话有道理。过了一会儿，父亲说：

“你觉得现在与女生保持过分密切的交往合适吗？”

“我觉得没有什么不合适的。”

“你觉得自己已经很成熟了吗？你能确定将来的想法与现在还会一样吗？”

“也许会的。”

“你保证很多年以后，你还会像现在这样对待阿云吗？”

“我想会的。”

“你能确定吗？你知道以后自己会发生什么变化吗？”

儿子默默地摇了摇头。

看来，他已经在默默地接受父亲的思想了。父亲进一步说：“任何感情都是需要经得起推敲的，我觉得高中期的男女同学之间保持过分密切的交往是不合适的，更不宜谈恋爱。”

这次谈话，父亲与儿子只谈论与阿云交往问题，而没有涉及到学习问题。因为父亲相信儿子能走出迷失的误区，他自己会做出正确的决定。

过了不久，儿子又来找父亲，他告诉父亲自己已经想通了：感情不能一相情愿，要把感情分成两部分来处理：一是丢掉，一是珍藏。儿子说他还没有真正的成熟起来，他现在最主要的任务是搞好学习。

面对儿子的成长，父亲高兴地说：“你能这么想，我很高兴，说明你已经走出了困惑，你已经能独立地处理很多问题，以后不用再依靠爸爸了。——当然，爸爸随时愿意帮助你。”

谈话中，父亲从来没说儿子是早恋，而是用“男女同学密切交往”这句话来代替；另外，在谈话中，父亲没有急于求成，有些问题他想让孩子慢慢地体会，当孩子悟出道理的时候，他自己会摆脱心理困扰的。

因此，家长在对待孩子早恋的时候，最忌的是居高临下地去责骂孩子。“你们必须给我分开”、“马上结束”等话语只会让事情更糟糕；还有很重要的一点是，事实上有些男女同学之间尽管交往过密，却不一定是在谈恋爱，家长不要早早把“早恋”的帽子扣到孩子头上，否则会把孩子逼到尴尬的境地。青少年心理上有了异性交往的需求，是一种正常现象，不能封杀，只能疏导，让子女能够与父母交心。家长要明确教育子女的途径：关心孩子——尊重孩子——走近孩子——理解孩子——引导孩子，让孩子平安度过自己的青春期。

# 千呼万唤难回头

网络的作用是众所周知的，网虫已成为时尚和先进的代表，青少年便成了这群“代表”的大部分，而网络所给人带来的担忧，也正是发生在这群青少年身上。那些具有网瘾的青少年上网时间失控，他们在网上废寝忘食，玩得是如痴如狂。他们有的深陷网络的世界里，欲罢不能；有的性情大变，直至打骂父母；有的放弃自己的学业，整日沉沦于虚拟的网络世界；有的为了筹集上网的费用，甚至去偷去抢，从而走上犯罪的道路。大量的事实已经向人们发出警示：网络已直接地威胁到青少年的健康，而经常沉迷于网络游戏的中小学生，更是严重的受害者。

因此，家庭、社会、学校和政府都在齐抓共管，但作为沉迷网络的个体而言，其中的关键还在于家长对孩子的教育。很多父母对于孩子沉溺于网络，他们要么无动于衷，要么费了吃奶的劲儿，也不能把孩子从网络里拉回来。

有这样一个男孩子，他才刚刚15岁。他从12岁开始，就迷恋网络游戏，本来成绩还不错，但现在已是一塌糊涂了。他一有空闲，就背着家人往网吧里跑。有时早晨索性就不去学校，在网吧一待就是一天一夜，急得家人到处找。对于父母软硬兼施的阻挠和苦口婆心的劝说，孩了始终我行我素　父母的教育没有丝毫效果。

有一些父母，由于自身水平不高，他们缺乏对孩子教育的能力；另一方面，他们自己还面临生存的危机，生活的压力使他们根本顾及不到孩子。他们还认为教育是学校的事，自己只要提供一些经济和物质方面的条件就可以了。他们对于孩子的缺点，要么抱怨孩子缺乏领悟知识的智商，要么抨击学校的教育水平；他们还总在抱怨学校或孩子在榨取或挥霍着自己的钱财。

还有一些父母，他们有一定的教育能力，但缺乏教育经验和时间，对孩子也是一筹莫展。

要想从网络中把有网瘾的孩子拉回来，这不是一件简简单单就能办到的事，它需要家长了解和掌握多方面的因素。

我们常常会听到一些父母这样说："现在孩子大了，我和他妈妈也轻松多了！"说这句话的，如果是十三四岁孩子的父母，那么这句话换一种说法就是：孩子渐渐长大了，不用像孩子小时候那样，再去为他的吃、穿、住、行而劳心费神了，自己可以松口气了，也放松了对孩子的关注。这些家长在教育孩子时，只注意孩子的身体，而不去关注孩子的内心世界，他们不清楚孩子大有大的烦恼，有时比小时候还更令父母费心。

很多孩子上网，正是家长缺少对孩子给予特别的关爱，他们与孩子没有进行必要的沟通与交流，使得学生有了许多可以自由支配的时间和精力；他们不了解孩子的心理需要，使得许多学生形成心理“真空”。孩子在家里缺乏依赖，那他只有在网上寻求心理的安慰。从孩子这一方面来说，上网成瘾，这是对网络的一种依赖，如果要根除孩子的网瘾，家长要更多地从孩子的情感世界入手。

孩子沉迷于网络，感到里面趣味无穷，从另一个方面说，这也正是他情感上出现了空虚，他感到了生活的乏味。有人问一些青少年网民为何沉溺其中，他们的回答是，“学习太紧张了”，“老妈太烦了”，“日子过得太无聊”……说法虽然不一，但总结起来，可都是“心里不痛快”这一条。这也就是说，如果使孩子的生活快乐起来，他们就不会那么迷恋网络了。

现在的孩子在大人看来很幸福：不愁吃不缺穿，是很幸福的！但很少有父母关注他们的情感世界。早出晚归的父母成了“夜爸爸、夜妈妈”，他们工作归来时，孩子已经入睡，孩子更多的时间是独处的。他们和同伴一起也只有竞争。也就是说，他们要么是孤独，要么面临着竞争的恐惧。如果有幸与多日不见的父母共处，这又很可能变成这些天自己过错的“批斗会”——父母总不会放心自己的孩子，但他们不会去和孩子交交心。在父母看来，指出孩子的缺点才是最重要的。

孩子脆弱的心灵需要依偎，但现实中他们又可以依赖谁？于是网吧便成了他们的天堂，他们在里面可以游戏或聊天，忘却考试、忘却竞争、忘却学习和生活带来的压力。在游戏中还能体验到成功的喜悦，输了还可以重来，失败的挫折感可以在重复中淡化，这和生活中在学习上“成王败寇”的教育体制有天壤之别。

不给孩子心理的依靠，孩子就会去寻找自己感兴趣的东西来依赖。从某种程度上说，是大人的冷落把孩子推向网络的。孩子面对一些压力的时候，孩子在心理上无所依赖，为了找到安慰，“功能齐全”的网络自然就成了孩子们的首选。

明白了孩子有网瘾的原因，父母也就会知道孩子在网吧中千呼万唤难回头的理由。再面对孩子沉溺于网络时，父母不妨将那泰山压顶般的批评斥责改成用心打开孩子的心门，听听孩子心灵的倾诉；不妨将那种在网吧围追堵截的方式改为用心去多想一些别的策略和方法……想让孩子正确地使用网络，父母就要先学会搂住孩子，搂住的不仅仅是孩子的人，更重要的是搂住孩子的那颗需要依赖的心。

# 给孩子的比网络更多

网络对青少年来说是一把双刃剑，当网络与孩子联系在一起的时候，由于它对孩子的害处就使得网络在青少年面前的益处淡化了很多。多少孩子受到了网络的毒害而遗憾终生，多少个家庭因为网络而痛苦一世。网络对于孩子的害处，“地球人都知道”。于是，全社会一起行动起来，从整治环境入手，加强管理“白”网吧，彻底铲除“黑”网吧；但在主观上，父母更应该不断提高自身素质，多关注孩子的成长。家长要尽量多抽时间与孩子沟通交流，在关注孩子学习的同时，更关注他们的心理需要，给予他们一定的依赖。在使用网络上，要对孩子加以正确引导，不要因为有弊端就拒网络于千里之外。家长要从孩子的心理特点出发，充分利用网络的大量信息以及易被接受的特点，发挥网络优势，引导孩子通过网络获得知识、提高能力，同时，更要让孩子学会判别自己行为的对错。

阿哲的童年就不是幸福的。从他刚记事起，他就整天看着父母吵架的样子，倾听着父母在他耳边种种发泄的话语——直到他的父母离婚。父母离婚后，他跟了父亲，他成了单亲家庭的孩子。吵架、发泄没有了，但随之而来的却是孤独，父亲离婚后很少和阿哲交流，因此阿哲从小就养成了非常内向的性格。在他读初二的时候，阿哲迷上了网络游戏，虽然他的功课原先还不错，可迷上了网络后，他的功课一落千丈了，但上网的时候还是他最快乐的日子。

爸爸在沉闷的心情和忙碌的工作中，不知道自己怎么样才能解决儿子的问题，直到孩子的后妈的出现。父亲结婚对后妈的唯一要求是带好阿哲，父亲找的是一位有教育经验而又善良的后妈。

有一天，阿哲的计算机坏了。后妈看到阿哲呆滞冷淡的目光，而且在计算机坏了以后表现得很烦躁，后妈决定要借着这个时机拯救这个孩子。

看到孩子要上网的时候，后妈主动提出，在孩子课余陪他一起去到网吧去上网。因为后妈知道，戒除网瘾的过程是个复杂的过程，孩子会不配合，更会出现反复。阿哲要想戒除网瘾就不能碰计算机，但这里有个间隔期。这个时间对每个孩子都不一样，有的一个星期，有的一个月。后妈遵循了教育规律，不断尝试采用各种办法，她要利用陪阿哲上网的机会，耐心地打开阿哲心中的一个个死结，最终使阿哲彻底戒除网瘾。

在和阿哲一道上网的过程中，后妈还向阿哲请教了一些自己不懂的问题，后妈还了解了阿哲上网喜欢做什么，喜欢玩哪些游戏；在上网时碰到一些问题时，后妈还和阿哲一起讨论，后妈进入了属于孩子的领地，和阿哲相处的很融洽。在阿哲每次上完网回来,后妈就和阿哲交流,倾听阿哲的满足感。后妈没有以成人的眼光发表正误的评论，而是在观察阿哲的过程中逐步改进自己的方法。阿哲上网归来了，后妈总是做一点阿哲喜欢吃的东西。阿哲感到新的家庭很温暖，同时，有后妈的陪伴，上网的次数和时间也得到了控制。一段时间以后，后妈用爱渐渐地征服了阿哲的心。

不久，阿哲生日到了。在吹灭生日蜡烛后，后妈搬出了她刚买来的一台新计算机。阿哲没有想到后妈会给他一台新的计算机作为生日礼物，他高兴得很，在心理上似乎和这个后妈又亲近了许多。在这个时候，后妈趁热打铁，说：“这是给你的生日礼物，希望你学习、娱乐两不误。”后妈没有多说，接下来只是和孩子一道庆祝生日。

面对孩子的网瘾，后妈的策略是，先走入阿哲的生活，摸清孩子的状况，给予亲妈一般的照顾和温暖，把阿哲的心从网吧上夺回来。后妈很是理解孩子，对阿哲也很有耐心。在以后的生活中，后妈已经完全走入了阿哲的生活。孩子已经感到家的温暖，偶尔孩子上网时间太长，后妈及时提醒。她还限制阿哲的上网时间，对阿哲的上网时间做了一个规定。阿哲也很听话，因为家庭的幸福温暖占据了他的心，在他心中对网络的需求似乎不似先前般的那么强烈了。因此，后妈在戒除阿哲的网瘾上，她知道“欲先取之,必先予之”，在实施这些措施期间不可强行禁止，否则那会更糟，管了人管不住心。

给予、限制还不能完全纠正阿哲的网瘾。许多家长只懂得限制孩子上网，而不懂得如何转移孩子对上网的注意力，培养孩子新的爱好。有些孩子无法适应学校的学习与生活，再加上父母教育方法的失当，这使孩子备感挫折与失败，于是孩子就把多余的精力用在网络上，感受学习上没感受到的那种成功。又由于孩子特殊身份的制约，孩子的言行受到许多约束，孩子内心的许多要求难以满足，而在网络虚拟的世界中得以发泄，使自身得以解脱——这是孩子迷恋网络的又一大原因。因此，后妈要给阿哲的比网络更多，除了限制、给予外，还要有“转移”。

在双休日，一般来说，孩子上网时间长一点都是家长允许的，虽然说是满足了孩子，但一定程度上是在加大孩子的网瘾，这也是好多父母意识不到的。阿哲后妈的做法是，叫孩子在双休日有上网以外的选择，比如郊游、看亲妈、购物等，把阿哲带到其他他感兴趣的事件中。当然，这一系列的事都要阿哲感到快乐，使阿哲觉得原来有比上网更快乐的事，这样就逐渐淡化了阿哲对网络的依赖。

后妈只用了几个月的时间，就使孩子走向了正轨，阿哲的精神状态也改变了很多。在以后的时间里，后妈还像朋友一样和阿哲沟通，在沟通的过程中教会阿哲一些做人做事的道理，对阿哲讲怎样正确对待计算机网络——这样的教育方式，使阿哲受益匪浅，阿哲后来以很好的成绩考上了重点高中。

面对孩子的网瘾，父母抱着非常沉重的心情来看待是不正确的。要相信孩子们会转变过来的，相信他们是懂道理的。现在很多家长对孩子上网有种怕的感觉，怕孩子学坏，又怕使孩子生怨、孩子会由怨生恨，父母就会和孩子产生一种情绪的对立，这样不但不能解决问题，而且还会把孩子推向网吧。仔细观察你会发现,沉迷网络无法自拔的孩子,多数是缺少关爱和满足感的。当成长的规律使孩子需要这样满足的时候, 却在现实生活里无法得到这样的满足,那孩子只要在偶尔一次尝试之后,他的心就被虚拟的网络世界霸占了。你不占据孩子的心，给孩子的没有比网络更多，孩子又没有人可依赖，那么，孩子只有依赖网络。

所以，学会倾听你的孩子,让他说出心里的愿望。倾诉你的感受,只谈对事的感受,不要人身攻击；安排能发挥他特长的家庭活动,让他体会到胜利的感受；面对有网瘾的孩子，立即停止打骂，给孩子真诚和真实的夸赞，这样的夸赞也是对事不对人。这样，你给孩子的比网络就会更多，抢占孩子心灵的那块“地盘”，教育也就会有效果了。

# 第三章
# 破解孩子的自卑

## 孩子的自卑

在父母看来，自己的孩子是最无忧无虑的，因为任何父母都会把自己的孩子照顾得很好。但事实上，孩子也有自己的苦恼，自卑就是其中最可怕的一种。自卑，简单地说就是自己轻视自己，自己看不起自己。这是对自我潜能的一种压抑、对他人能力的一种过高判断的心理。生活中很多孩子在学习及生活上存在困境，都是因为他们对自己的信心不足，尽管他们不是本身有什么缺陷或短处，但他们不能正确地看待自己，往往还会自惭形秽，感到自己就是比别人差。自卑的孩子通常会认为自己在某一方面或多个方面不如别人，甚至是样样不如别人，常以一种怀疑的眼光看待自己，而且对周围人的言行、态度反应也是格外的敏感。这样的孩子在生活中，往往在内心深处隐藏着永不消散的愁云。

孩子的自卑，使他们不相信自己的能力，害怕在做事时失败，因而也就会在学习或社会交往活动中表现出一定的退缩。在做事过程中，只要遇到一点挫折，他们就会轻易地放弃掉，他们更无法去坚持一件比较难的事。虽然他们十分渴望获得成功，但由于对自己的能力缺乏信心，认为反正自己不行，就是自己努力也是白费力气，失败了还会遭人嘲笑，不如早早地就退出，因而他们不去参与任何竞争或竞赛。这样的孩子在集体生活中从来不愿抛头露面，也很少主动与同伴交往，他们一般没有太多的朋友，或者过分依赖于某一个能保护自己的同伴。一般有自卑感的孩子都非常在意别人对自己的评价，由于他本身就对自己缺乏信心，于是就怀疑自己不会招身边的人喜欢，这样使他对别人的言行态度往往就十分敏感，特别是别人对自己的批评，更是反应过激，有时为了维护强烈的自尊感，就会做出一些过激行为。相反地，由于他们的自我评价比较低，因而特别希望通过他人的评价来肯定自己，所以往往会比一般孩子更渴望教师和家长的赞许。

孩子自卑心理的形成有着多种原因，其中主要是受家庭环境和他人对孩子的态度这两方面的影响。从这两方面中可以看出，父母在这中间起到很大的作用。这也就是说，孩子的自卑，父母往往要承担很大一部分责任。但在现实中，很多父母意识不到孩子的自卑有时就是自己造成的，他们对孩子的这种缺陷不用教育去排除，还把这种缺陷一股脑儿地认为是孩子“不争气”。孩子不是生来就有自卑心理的，这种心理是后天教育不当养成的。孩子是脆弱的，他们很容易受到伤害，大人成熟的心理是体验不出来的，他们可能觉得自己的举动很正常，对孩子的教育也很到位，但他们不知道他们有时正培养着孩子的自卑心理。

比如，在公众场合谈论孩子身体上的缺陷，如肢体残缺、聋哑、过于肥胖或矮小等；指责孩子不及他人的地方，如体育和语文成绩不如别人等。

有的是在生活中孩子的一次不起眼的经历，如在多次经历失败后又遭遇同学的嘲笑。在这种情况下，孩子就有可能会怀疑自己不如他人，渐渐地就会产生深切的自卑感。

还有的孩子的家庭经济条件不好，家境的贫困使他在吃、穿、用等各个方面都不及其他人，很可能由此也会产生自卑感。即使是家庭条件不错，但如果父母关系紧张，孩子也有可能因为很少得到父母更多的关爱而产生自卑心理。

孩子不能客观地对自己进行评价，他们更多的是通过父母的态度和评价来认识自己，因而父母的态度和评价，对于孩子自卑心理的产生，具有重要的诱发和强化作用。父母对孩子有很多不恰当的教育方式，如当孩子在学着独自解决一个问题时，父母就催促孩子赶快完成；有的家长嫌弃孩子做事拖拉；有的家长在孩子成功地完成一件事时，父母不会因此去鼓励孩子，而是找孩子在做这件事时所暴露出的不足。他们的本意是下次要孩子做得更好，但他们不知这些做法会使孩子感到他总是不被认可，这就有可能使孩子产生自卑的心理。

自卑是孩子的一种不健康的心理，是一种人格缺陷。孩子过多地否定和贬低自己，抬高别人，影响了对自己正确、客观的判断，不能客观地、正确地看待自己和周围的人和事，就会影响到孩子的健康成长。对于孩子的自卑，很多家长由于忙于工作，不会注意到孩子的这种现象，或者有的家长根本就无法理解孩子的这种心理，更谈不上能尽早发现而去及时补救孩子的缺失。更有很多家长任由孩子的自卑心理伴随孩子成长，他们不知道这样不仅会使孩子得不到很好的成长，还会给孩子成人后的生活带来更大的痛苦和折磨。

孩子的自卑虽然不是正常的心理现象，但也不是病理性心理异常。自卑只是在某种情景下心理失衡的一种表现。奥地利心理学家阿德勒认为："自卑感不是人的最坏情感，更不是一个人变态的征兆，相反它是每个人在追求更大的价值和完美的人生过程中必然要出现的心理反应。"在阿德勒看来，人在生活中时刻可能产生自卑感，生活的一些不足，都可能使人产生灰色情绪，而且这种情绪还会因为自己与周围人的比较而加剧。显然，孩子的自卑是先由一种正常的情感带来的。虽然自卑会使孩子有自怨自艾、悲观失望等消极心理，但孩子自卑没错，关键是看父母怎样对待孩子的自卑。

孩子的自卑感在他的心里并不是如影随形的，这种感情的情境性很明显。孩子的自卑感通常产生在有失败的体验之后，尤其是孩子经历过多次失败，往往就会怀疑自己的能力，就会对这种失败耿耿于怀而难以自拔，进而把失败归咎于自己的无能。这时，我们就要注意引导自己的孩子，不然，孩子就会陷入自卑的泥潭。孩子产生了自卑心理，父母又不知去矫正孩子，这样就会使孩子产生沉默寡言，甚至自暴自弃等现象。很多悲剧，往往就是人的自卑心理导致的。

广西的马某生在贫困农家，全家的生计是靠父母给别人烫衣服来维持的。一个月里，通常家里也只有二百多元的收入。穷人家的孩子早当家，马某很小的时候就因为懂事被大人们称为"小大人"。家庭的清贫和父母的辛劳，使马某要成为一个孝子，并要以自己的学习成绩来报答父母。马某虽是个不爱说话的老实孩子，但因学习成绩优秀，老师和同学都很喜欢他。

但家庭的贫困，使马某早早地背上自卑包袱。这对马某的成长产生了极其不利的影响。马某从小由于自卑便不苟言笑，性格也比较内向，也没有太多的朋友。马某的学习成绩在初中时一直很好，但上了高中以后，成绩就开始下滑了。这与他的自卑心理有很大的关系，自卑成为马某学习的极大障碍，并且他在交际上也很吃力。马某也曾试着提高自己的交际水平，当他面带笨拙的笑容主动与人交往时，却总是弄巧成拙，常常被同学嘲笑，甚至还被同学捉弄，这使马某觉得自己在这个世界上是一个多余的人。于是，马某自卑的性格得到了强化，马某逐渐变得更加孤僻、古怪，他总是喜欢独来独往。

心理学家研究发现，人的个性心理特征亦遵循“物极必反”定律。比如，极度自卑的人，在一定条件下，可能转向它的反面——极度自尊。马某就是这样，他有时对周围的人变得十分不友好，容易产生敌对心理，常因鸡毛蒜皮的小事大发雷霆，以此掩饰内心深处的自卑，维护着自身的尊严。

马某的贫穷让他自卑的心理继续恶化。在马某就读的云南大学，地处昆明闹市，校内外处处洋溢着大都市的气氛，而且，不少经济条件优越的同学，都配带着时尚的名牌“装备”，他们处处显示出自己的富足。这种贫富反差，刺痛了马某的神经，让本来就自卑的马某陷入心理失衡的泥潭，自卑的包袱又加重几分。

自卑还使马某羞于和女生交往，更重要的是马某还有明显的容貌自卑心理。当有人问他为什么不找个女朋友时，马某说自己长得丑，根本就不会有人喜欢。容貌自卑进而使马某对自己的感情产生了绝望。马某目睹校园里亲密的“恋人”们成双成对，马某自卑的心理严重失衡了，这使马某向绝路又迈出一大步。

马某自卑的心理在一步步地强化，这使他到了变态的地步，于是，马某走上了不归路——他残忍地杀害了四个同学。

马某在给家人的留言中说道：“这样活着究竟有什么意思？”“人活着究竟是为了什么？”马某是生命科学专业的学生，这个专业不好找工作，马某本想考个好大学，将来能找个好工作来报答辛劳的父母，但现实却是无情的：马某长期处于自卑的心理阴影中，看不到自己的优势，学习成绩也就不会太好。这些对于成绩平平又无任何关系的马某来说，前途只是一片阴暗。对前途的绝望，又使马某的心理到了崩溃的边缘。

因此，孩子有了自卑的心理，教育者，特别是孩子的父母要及时纠正这种心理状态。现代家庭大多是独生子女，可能没有太多的贫穷的孩子，但自卑的根源不仅仅是因为贫穷这一方面。比如，现在的父母都尽量去满足孩子的要求，使孩子从小不知道什么是困难、什么是责任。孩子在家中无法无天，到外面一受人欺负就说“我告诉妈妈打你”，这往往是孩子自卑的开始。孩子一做事，父母就会嚷嚷：“当心、小心”；一些无知的家长当众嘲笑孩子，揭孩子的短；经常以亲戚朋友的孩子的长处比自己孩子的短处，还带着一些嘲讽挖苦的口气。殊不知在父母这样的教育中，孩子的信心正在慢慢地丧失，自卑正在渐渐地滋生。

作为孩子成长摇篮的家庭，作为孩子第一任教师的父母，在你的教育中应该对孩子多赏识赞扬，少批评指责；常放手孩子，让孩子去锻炼；帮孩子树立自信，这才是最有效果的教育。

# 孩子是被你骂差的

孩子胆子小，在一件轻而易举的小事面前，也会显得畏首畏尾、懦弱谨慎。由于胆小，他们往往还优柔寡断，对一件简单的事也不能快速地做出判断。对于这种现象，有的家长往往会做出错误的判断：

假如胆小的是一个女孩，他们会认为这是女孩的特征，是女孩固有的羞怯与腼腆；如果是一个男孩，他们会觉得这个儿子很乖，不会像其他男孩一样到处去惹事。他们不知道这种胆小是自卑的心理在作祟。与此同时，他们会感到自己孩子的做事能力极差，几次三番地说，也不会使孩子有太大的改观。他们一边有孩子“温柔和乖巧”的喜悦，一边又有孩子能力差的忧愁。

就是有的家长知道孩子有自卑的心理，但在他们的心里，自卑就是“无用”的等同语，他们也试图改变孩子自卑的心理状况，但他们想改变的是孩子的“没有用”，而不是孩子自卑的心理。那些认为孩子“温柔和乖巧”的父母也一样，他们更不会去矫正孩子这种自卑的心理，而是想通过自己的教育使孩子能干起来。

在众多的父母中，当看到自己的孩子做不好一件最简单的事时，我们就可以看到他们的父母会使用如下的字句：

“你看你，连碗都端不好！”

“真是笨死了！这么简单的题都解不出来！”

“真没出息，脑子用来做什么的？”

从这些父母教育的言行来看，不少父母在教育中喜欢批评孩子，或者说批评总是多于表扬，或说批评与年龄成正比，孩子年龄越大，父母对孩子就越是挑剔，父母忘记了孩子在牙牙学语时自己的赏识心态。他们不知道孩子的心智发育是不成熟的，还没有自我评价意识和自我认知能力，孩子对自己的认识和判断，最先往往来源于父母对他们的判断。父母的这些言语往往是对孩子起一种负面的暗示，父母说多了，在孩子的心里就会烙下了“我不行，我没有能力”的印记。以后每当尝试做什么事情的时候，他最先想到的是：“是的，我可能真的不行，还是不要去做了。”这样，父母就在无意中把自卑感慢慢地植入孩子的心里，自信在孩子身上渐渐地也就荡然无存了。

于是，孩子的表现就使大人不满意：

1. 小事做不好，大事不会做。

2. 一件突发的小事也会吓得大哭。

3. 事情本知道怎么做，但就是不敢下手。

……

对于孩子来说，因为他自卑，在做一件事时，他没有自己的思想，他总是先揣摩别人的心理，然后再试图迎合别人的方式和方法，因为他觉得别人比自己强，这样在做事时就会六神无主，他会感到这样做也不好，那样做也不合适。一件小事做不好，他们就更没有处理突发事件的能力——应该确切地说，自卑的孩子没有处理突发事件的能力。当一件事一下子蹦出来，他们就会无所适从，薄弱的心理承受能力，会使他非常的紧张。这一切对孩子来说都是一种折磨，于是孩子做事时就会害怕。

大人的苦恼是，他们希望自己的孩子健康、聪明和能干……可孩子总是一个扶不起的阿斗，他可能在身体上也很健康，在不经意的一些事情上也可以看出他们比较聪明，但当遇见事情的时候，孩子总显得很“胆小而无用”，和其他的孩子相比差别很大。于是，孩子做错一件事情时，很多大人把孩子的“胆小”就定义成主要是孩子的“不用心”而造成的。

于是，对孩子自卑胆小的矫正就变成了“要孩子专心”的教育，要孩子专心与矫正孩子的自卑胆小心理，这是两种不同的教育方式，这种教育方式上的张冠李戴，得不到教育效果不说，往往还会加重孩子的自卑胆小心理。比如，孩子不专心你可以说“你看你，连碗都端不好！”，作为一个不自卑胆小的孩子来说，父母在说这句话的时候，孩子只会觉得父母是不满意自己心思没在端碗上，而把碗给打翻了；而对于一个自卑胆小的孩子来说，他就会以为：自己没有用，一些事情做不好不说，连碗也端不好！这不仅起不到教育的效果，还无意中强化了孩子自卑胆小的心理。

所以说，对于孩子胆小自卑的矫正，父母常常不是在矫正孩子的这种心理，而是在所谓的“教育”中，不断地在强化孩子的这种自卑胆小的心理。正确地说，这不是在培育孩子，而是在毁一个孩子，这样，你还要求自己的教育有效果吗？

# 发挥孩子的优势

孩子胆小，从心理上说是孩子自卑的一个方面，如果得不到及时的纠正，不仅有碍于孩子的健康成长，而且在孩子长大后也会显得胆小怕事，人更会显得懦弱。改变孩子的这种状况，最忌讳的就是用批评、斥责的语言，家长要随时随地用语言鼓励孩子去做一些事，成功了，就多加赞赏；即使不成功，也要想方设法使孩子对失败感觉不到太大的压力。在做事的过程中多找孩子的优点，使孩子有信心面对事情，这样才能充分发掘孩子的优势和潜能。

美国加州大学的哲学博士詹姆斯·多伯森在审视家庭教育时指出：“当一个人的行为得到满意的结果时，这种行为就会重复出现。”这就要求我们在矫正孩子的胆小自卑时，要多给孩子以赞赏，孩子也就会慢慢地有胆量面对困难，孩子有信心了，“胆子”就会大起来，做事就会有主见，一个能干的孩子就会出现在你的面前。

有这样的一个孩子，他的学习成绩还不错，但他的胆子很小，最大的问题是上课极少主动发言，做事情也是畏畏缩缩的。在学校里，老师曾试图改变他的这种自卑胆小的状况，老师就叫他当副班长，负责班里的卫生工作，可他死活不肯。老师要求急了，他就流起眼泪来。在家里，妈妈就是叫他接一下电话，他也会拿着话筒不说话，即使说了，声音也小得很。这个孩子在家里也不太多说话，看起来也是很懦弱的一个人。父母对于自己的孩子的状况已经束手无策了。

如果要改变孩子的这种状况，就要知道造成孩子这种心理的原因。那么，究竟是什么造成了这个孩子的自卑心理呢？

原来。这个孩子自幼多病，他的母亲用含着泪水的眼睛看着他长大，母亲觉得自己为孩子付出的太多了，因此，母亲对孩子抱有很大的期望，这就使母亲对孩子的要求非常严格，母亲不允许孩子做错事，不允许孩子贪玩，更不允许孩子学习成绩落在别人之后。母亲完全用一个完美的标准来要求孩子，只有在孩子表现得非常优秀时，母亲才会感到满意，如果孩子表现得不好，母亲就很生气，就用打骂、挖苦、吓唬的手段来“教育”孩子。

这位母亲对孩子的期望比一般家庭的母亲高，她认为对孩子高要求，孩子也会有大的进步，获取的成就也就会高。母亲在教育孩子时带有强烈的期望，对孩子的不断要求，这就给了孩子相当大的压力，这种影响慢慢地会使孩子在无意中学会追求完美，给自己定一个高标准。如果自己不能达到父母的期望，他们不会责怪父母高压政策下的打骂逼迫，而是把失败归咎于自己，认为自己努力不够或者是自己的能力不行，产生了处处不如人的自卑感。

这个孩子就是这样，由于母亲的要求过严、过高，孩子常常为达不到母亲的要求而灰心丧气，天长日久形成了这样的心理：我很差，我不如别人。

还有一个原因，就是这个孩子的皮肤很容易过敏，他常常把自己的脸上、头和双手抓得伤痕累累。出于对孩子的爱护，母亲常常把孩子关在家里面，不让孩子跟别的孩子有太多的接触。这使孩子养成了内向的性格。在孩子的潜意识里就会这样评价自己：我的身体、相貌都不如别人，我什么也做不了。

另外，他的母亲有时由于工作的原因，常常被不好的情绪所困扰，孩子常常看到妈妈在家里发泄着情绪，孩子做事时总是处于一种不安的情绪中。

找到了孩子自卑胆小心理的根源，再加上正确的教育方式、方法，就能够帮助孩子从不健康的心理状态中走出来。

首先，作为母亲要改变自己的教育观念。过去这位母亲总是认为：孩子是自己生养的，加之这个孩子要比其他孩子的成长过程复杂得多，倾注了母亲更多的心血，孩子就应该绝对听从母亲的话。后来这位母亲认识到，要改变母亲与儿子之间的关系：平等地对待孩子，尊重孩子，与孩子友好相处。这位母亲把孩子看成是和自己平等的人，允许有缺点，允许犯错误，允许孩子失败。这位母亲知道，只有改变了自己看待孩子的观念，她才能客观、公正地看待孩子。

母亲的这种改变，使孩子渐渐乐于亲近母亲了，在家里变得爱说话了。

针对孩子的皮肤容易过敏的症状，这个母亲除了带孩子去治疗外，还教育孩子要正视自己的疾病，告诉孩子：人的疾病和人的美貌一样属于正常的表现。母亲给孩子讲贝多芬、拿破仑和霍金等名人克服自身困难的故事，这强化了孩子对自己疾病的正确认识，从这些人的事迹中孩子也获得了克服困难的经验和勇气，从而树立起了他的自信心和他战胜挫折的勇气。

孩子有很多特长，为了让孩子更好地发挥特长和爱好，母亲鼓励孩子去一些自己感兴趣的学习班学习。母亲还带孩子去郊游，在欣赏大自然的美景的同时，母亲和孩子也加深了交流……这些活动充实了孩子的生活，同时又让孩子在一次次的快乐中找到了自我，并逐渐抛弃了自卑。

在面对孩子的不足时，家长也是用赞赏的态度来鼓励孩子。

母亲所有的教育效果，在不久就得到了显现——孩子在初三的一次模拟考试中，成绩不太理想，回来后他很郁闷地对他的母亲说："我计算了一下自己在全校的排名，可能我这次上重点高中有点悬。"

这时的母亲并没有像往日那样一味地去责怪孩子，而是马上说："我的儿子是百里挑一的。"孩子不解，母亲就给孩子算了一笔账：

"你小学毕业时全市有15万人上初中，但只有1200人上了你现在的这所重点试验初中，你的成绩在班里也是中上等的，这样算下来不是百里挑一吗？"

孩子听了很开心，一下子搂住了他的妈妈——孩子变化很大。

在孩子身上发现有胆小自卑的心理后，母亲能及时认识到教育方法不当是造成孩子自卑心理的主要原因，从而树立了正确的教育观念，她尊重孩子，与孩子平等相处，并采用有针对性的办法帮助孩子，这才使她的孩子从自卑的泥潭中走了出来。

# 比较是自卑的根源之一

在现实生活中，大多数父母对孩子都不是百分百的满意，在父母的心里或多或少地对孩子都有一些意见。有的意见，在父母心里可以保留；有的意见，一些父母却有不吐不快的感觉。他们不知道一个人吐露自己的意见，同时更是发泄着自己的不快，当然这种发泄有时还夹杂着生活的情绪，这样，一些父母所谓对孩子的教育就开始了。

其实，对于孩子的不足，大人有意见是正常的，但教育不是教育者对教育对象发泄自己的不满，而是要求教育者引导孩子把事情做对，并具有做这种事的能力。

父母对孩子会有很多意见：好睡懒觉、衣装不整洁、迷恋网络、学习成绩不好，学习成绩下降……要知道孩子总是孩子，如果没有缺点是不可能的，父母对孩子的缺点有意见，要想把自己的意见消除掉，还要从孩子的缺点入手，用正确的方法来教导孩子。如果家长用数落来教育孩子，虽然能倾吐自己的不快，但对孩子的教育毫无意义，相反，还会使孩子产生不良的心理。

比如看到孩子的成绩，有的家长就会有意见，他们便对孩子说：

“你看，杨阿姨家的某某这次考了98分，你怎么才67分？”

“你看，你表姐多听话，学习多努力，哪像你，天天上网，作业也不好好做，什么时候也能像她一样啊！”

“你看，以前你还是不错的，现在怎么退步了，真是让人生气！”

像这样的话，父母在说的时候，似乎还要追求对孩子的教育效果，于是在亲友面前，在大庭广众场合下，他们都会对孩子进行这番说教，孩子越做得不好，他们的批评更是有过之而无不及。

这些父母不知道，在孩子的心里，最烦父母的是：叨唠、批评、拿自己与别人比较。实际上，拿孩子与他人比，只能使孩子产生自卑和抵触情绪。因为，孩子都有一颗积极向上的心，任何一个孩子不是不想努力，而是因各种原因达不到父母所期望的目标。父母拿别人的优势对比孩子的弱点，除了让孩子自惭形秽，抬不起头外，也极大地刺伤了孩子的自尊心。当这样的比较多了，孩子听麻木了，自尊也没了，自然也不会求上进了。

对于家长来说，家长的思维是，以为有比较才能给孩子树立榜样，以此来刺激孩子上进。他们往往只看孩子不足的表面，而不去分析孩子不足的原因。为什么现在的成绩不如以前好？也许是这次考试难度加大了，也许到了新环境不太适应，也许因某事使孩子出现波动等等。他们更不知道在孩子的学业上、情绪上有一个阶段性的问题。所以，家长不去找原因、分析原因，更不去关注孩子的心灵，而是一味地比较、批评孩子身上的“缺陷”。这样的家长在不知不觉中就会只看到孩子的缺点，看不到孩子的优点，对自己的孩子就渐渐地会产生偏见，于是，就会出现这样的情况：

1. 一个学习成绩不好的孩子，曾经有一段时间因为学习刻苦，在一次期末考试时取得了比较好的成绩，他把这个进步告诉了他的妈妈，但他的妈妈听后就问他：

“真的吗？你一直没有小敏成绩好，你没有抄袭其他同学的吧？”

2. 一旦发现孩子连续几次有比较愚蠢的举止，不如其他的孩子，于是就给自己的孩子下断言：

“这个孩子完了，这么简单的问题，所有的孩子都会，就他不会，肯定是智商有问题。”

3. 看到孩子坐在教室的后排，你就会有自己孩子不被老师重视的感觉：

“你看其他的孩子都坐在前面，这多好呀！你总是学习不认真，当然只会坐在后排。”

……

于是，一些父母把在意见中对孩子的“比较教育”，变成了在偏见中对孩子的“比较加数落教育”。就拿第一个例子来说，孩子本来通过自己的努力提高了自己的成绩，他想把自己的进步与父母一同分享，改变父母那种由于自己的不足而给他们带来的不快心情；还有，孩子还想得到父母的表扬。结果他的努力并没有改变原有的糟糕状况，反而落个“作弊”的罪名，他会觉得还不如保持原状的好。

家长的这些做法，伤害了孩子的自尊与进取心，在孩子看来，自己做什么都不会得到承认，他在大人的心里就是一个无用的人，自己就是和别人有差距，就是一个不可能超过别人的笨蛋——孩子的自卑心理就在大人无意识的情况下炼成了。

所以说，用比较的方法教育孩子，往往就是在告诉你的孩子，他处处不如人；还用其他孩子的优点攻击着你的孩子，直到孩子在自卑中彻底的垮了，家长才会在孩子无用的悲叹中罢手。

## 对孩子不要有偏见

前苏联的心理学家曾做过这样一个实验：他们向两组不同的孩子先后出示同一张照片，心理学家向第一组孩子说：这是一个罪犯；心理学家对第二组测试的孩子说：这是一个哲学家。他先后让这两组孩子根据他给的这张照片，用文字来描叙这个人的眼睛。

第一组的孩子是这样描述的：

他的眼睛充满着阴险、仇恨……

第二组的孩子却是这样描述的：

他深陷的双眼充满着智慧，看着他的眼睛就有一种被教育的感觉……

从这个实验可以看出，对于一个人的评价，仅仅因在事前得到了不同的提示，对一个人的评价结果就有天壤之别。在教育孩子的时候，父母也会有这样的错觉：

成绩不好的孩子往往是智力不好，成绩好的孩子智力肯定会出众。

文静的孩子才是读书的料。

好打架斗殴的孩子是不会成才的，他迟早会进监狱。

所以说，偏见是一个人头脑中存在的关于一类人的固定印象，从心理学上说，就是一个人在他心中的“刻板印象”，根深蒂固甚至无法改变。偏见普遍存在于我们的父母当中，他们不知道自己的偏见会造成或加大孩子的自卑。

在我们的家庭教育中，很多家长存在着对孩子的偏见，这是他们对孩子认识的一个偏差。好孩子就会听话，否则就不能算是一个好孩子；对孩子有偏见的父母，“坏孩子”就会永无出头之日，这是一些父母最大的悲哀，他们不知道自己糟蹋了多少好的“根苗”。

“孟母三迁”是一个家喻户晓的故事，这个故事说的是：孟子小的时候很不争气，家住在墓地边，孟子就经常学着筑埋坟墓；孟母举家搬到集市边，孟子就经常学着小商小贩沿街叫卖。孟母又再一次举家搬到了一个学馆旁，孟子就经常在学馆旁边玩边学礼仪，孟母看到了之后就很高兴。有人说环境对孩子来讲有非常重要的影响，但是更重要的是，孩子的很多不足是可以弥补的。孟母并没有把她的孩子看成是一个不可救药的坏孩子，否则，孟母也不会几次搬家了。首先得到了母亲的肯定，这才是孟子学业日进、终成一代哲人的关键。

对现在的孩子来说，除了学校外，在家里待的时间最多，所以父母对孩子的影响很大。父母是孩子的第一任老师，所以每一位父母的行为都直接影响着孩子的成长。

在家的小雨馨显得特别的调皮，他总是不能叫父母省心，外面一有孩子的哭声父母就得赶快跑出去，看是不是小雨馨又和孩子打架了。在小学的时候，小雨馨的个头特别小，四合院里的孩子都欺负小雨馨。可是后来小雨馨长得特别快，人家都说小雨馨跟吃了催肥剂似的，几年之后小雨馨就长成大个子了，但他又老去欺负院里人。小雨馨胳膊腿因为捣蛋都骨折过，到了小学六年级时，小雨馨又迷上了上网，天天都是到了天黑才能见到他回家。

可在学校的小雨馨又是一个安分的孩子，因为自己在家时老是惹祸，在学校老师就把他看得很严。当然，他知道老师也不喜欢他，在老师的眼里，他是班里最坏的孩子，因为老师总是赞扬听话的孩子。他感到其他同学都比自己强，自己在这个班里与其他同学相比，他没有任何优势可言——他的自卑是老师的偏见造成的。

当然，小学升初中的成绩也是一塌糊涂。

不难看出，小雨馨是这样的一个孩子：

调皮不听话，常常还和人去打架，成绩也不好，由于迷恋网络也会整天不见踪影——他还是一个自卑的孩子。

但小雨馨的父母和新学校的老师，对于小雨馨在小学时的表现并没有偏见，没觉得到他是个不可救药的孩子，特别是孩子的父母，他们在孩子上初中后，首先就想办法消除孩子的自卑心理。

孩子父母知道，对待有自卑心理的孩子，应适当降低对孩子的要求。先让小雨馨学会自我肯定，帮助孩子从自己的学习中获得满足和动力。让小雨馨懂得：做该做的事，并且把它做好，这本身就是成功，也是对自己最好的肯定。假如小雨馨画了一只鸭，他们不会挑剔这里不好、那里不像，而是对小雨馨的每一成功之处都予以发现，并发出由衷的赞赏："看，那鸭尾巴画得真好呀！"或者幽默地说："你为鸭涂的颜色真漂亮！我敢说这可是世界上最秀气的一只鸭子了！"

他们每次对孩子的赞赏完全是诚恳的，丝毫没有应付的意思，这样小雨馨开始好好学了。小雨馨学习也真是刻苦，每天晚上大概都是10点半左右才睡觉，可在小学的小雨馨8点就钻进被窝了。

不久，小雨馨的成绩提了上来。到初中的第一学期末，虽然不过是班里中上游水平，但他的父母已经挺满意小雨馨的成绩了，因为小雨馨从小就不是那种能安下心来学习的人。到了初二，父母觉得小雨馨真正对学习开始开窍，因为成绩开始大幅度上升，小雨馨还对物理特别感兴趣，竟然还在家里做起了小实验。小雨馨的成绩已经在学校名列前茅了。

一个在小学里的坏孩子，在老师的眼里一无是处，老师也不愿意在这样的孩子身上白下工夫，他们认为，这样的孩子不会有大的出息，偏见使他们不会对孩子花太大的力气。但小雨馨的父母对孩子没有什么偏见，而是觉得作为家长，只要对孩子的教育引导正确，孩子就会走到正轨上来。

不能带有偏见去教育孩子，孩子自卑心理出现以后，你还要有一定的办法对其进行纠正。

陈晓是高一年级的一名女生。由于她进这所重点中学是从一所普通中学考上来的，所以她的学习成绩一直在班里排在最后。她的父母很着急，于是就拿很多其他成绩好的孩子给陈晓做榜样，希望孩子从中取取经。但在潜意识中，孩子就把自己和他们进行对比，并努力找自己的不足，这样，孩子就有情不自禁地夸大自己缺点的现象，甚至毫无根据地臆造出许多自己的缺点，还总爱拿自己的短处与他人的长处相比——在她自己看来，她在这些孩子面前一无是处。由此，她对自己失去了自信心。在那些自以为无力战胜而实际上稍加努力就能战胜的困难面前，她也都轻易退缩了。这样，她产生了非病理性的自卑。

父母为了矫正她的这种心理，对孩子的现状并没有抱怨和指责，即使有时孩子有过错，也不会把这种过错当作成绩不好的原因。他们对于孩子初中时的成绩和高中的成绩的落差，给予理解，并耐心倾听孩子倾诉，同时引导孩子回忆过去初中时代的学习生活，让孩子重新得到过去成功的体验和自己与其他孩子相比的本来优势。

在这里，父母没有因为孩子是从普通中学考上的，而产生“不如人”的偏见。她的父母还注意发掘孩子身上的亮点，比如从初中的普通中学考入高中阶段的重点中学，这本身就是其能力的体现等等，以使孩子能认识到自身的长处。在此基础上，父母还和孩子一道分析原来的成绩水平和现在的成绩水平之间有多少差距，在班级里所处的位置是怎样的？并比较两个学校学生整体水平的差异，以及初中和高中知识的难度差异，使孩子能认识到成绩下降的客观原因。

另外，对于孩子“过分夸大自己的缺点”和“臆造出自己弱点”的情况，父母提出：“既然你在初中成绩名列前茅，为什么这些缺点和弱点在当时没有影响到你呢？”、“如果你真的一无是处，怎么有能力考入重点中学？”帮助孩子使用正确的自我评价。接着，父母与孩子共同商定学习目标，根据其实际的成绩，定出一个合理的近期目标，使得孩子通过努力能够达到成功，而不苛求尽善尽美。

对孩子有偏见，就是对孩子的心灵施暴，这样的行为会对孩子的成长带来很大的伤害，其中最大的伤害就是容易造成孩子的自卑，使一些本当杰出的孩子沦为平庸。

## 贫穷造成的自卑难治疗

一个人的穷困是可以通过自己勤劳的双手改变的，贫穷是可以“医治”的，但由于贫穷造成的自卑心理就很难再愈合了。很多人因为贫困造成了心理的自卑，他们有着自贱、消极畏难、等待依赖等心理。这种心理对一个人的影响来说是潜移默化的，有时这种心理可能影响到一个人一生的命运。

在现实中，很多人并不能注意到孩子由于家的困境给心理造成的影响。贫穷带来的自卑是孩子一种以自我为中心、生活在自我圈子里的一种自怜状态。这种自怜往往是先来源于家长本身，因为家庭贫困，家里的一切开支就会在经济上有所限制，在吃用方面，就会比人低一个档次——这在一般人看来是很正常不过的，这种正常的现象慢慢地就会先转化为父母这样的一个心理：我是属于穷人的这个下等阶层，我一切都是不如富人的。接下来，父母的这种心理就会影响到孩子，当然，影响孩子的还有孩子自己对现实的观察——这是孩子自卑心理形成的主要原因，父母的心理状态只是起到一个强化的作用。如此一来，孩子就会根深蒂固地认为：

自己的一切都不如任何人，自己和自己的家人都是这个世界最下等的人，自己没有优势可言！

这种自卑心理形成以后，就是看到身边的人在买一件超出他消费能力的上衣，对自卑者的心理也是一种刺激，这种刺激又强化了孩子的自卑心理。于是，一些孩子就会出现这样的情况：由于经济紧张,再加上有同学的歧视，逐渐产生的自卑心理，严重时孩子会不敢去公共场合，害怕遇到一切人和事。躲避、苦闷、孤独和压抑常常会一起涌上心头。这种心理会给家人带来苦恼：

1. 在学习上积极性不高。

2. 对于他认为比自己富裕的孩子，不愿意和他们交往。

3. 不愿参加学校的一些集体活动。

……

造成这些现象的原因，是自卑的孩子看到别人的经济优势，同时对于自己内心的羡慕，他会觉得那是自己的贪念，为此自己会感羞愧；另一方面又因贫穷感到一种令自己恐惧的愤恨。因贫穷而造成的自卑感使孩子沉默寡言，孩子也就会越来越孤僻，这种强大的心理压力使孩子不能专心地努力学习。

自己的生活和周围人生活的差距，使孩子痛苦不堪，无法自拔！校园中很多条件好的同学，身着使他眼花缭乱的各色新潮服装，如公主王子般飘来飘去的男生女生，这些都时刻刺痛着自卑的孩子——孩子陷入因贫穷而造成的孤苦自卑的境地，他就会对这样的场景产生厌恶的情绪，或者逃避这样的现实，因此孩子就不去和人交往。

很多家长常常遇见孩子的这些状况，家长给出的教育方式是：

1. 在学校的集体活动中，家长想方设法使孩子得到与其他孩子一样的待遇，以此鼓励孩子参加集体活动。

2. “家庭条件你是知道的，还要和人比，一点也不争气！”用语言批评孩子。

3. 孩子不好好学习，他们会教育孩子说：

“反正爸爸是不行了，你要不好好学习就会和我一样。”

“知道自己不如人（指在经济上），就要好好干。”

父母的这些说教与做法，不能改变孩子的一些状况，更不能改变孩子的自卑心理。当然，更多的父母也不会想得这么多，他们只想通过教育改变孩子的现状。他们以为：

孩子参加集体活动的积极性不高，可能是所要的衣服、要带的食品等东西与其他的孩子相比太自惭形秽，家长就努力地给孩子以最大的满足，以期自己的孩子条件也“优越”起来，希望孩子因而能高兴，自己也能得到一种负了责任的安慰。但孩子却不能得到这种快乐，因为孩子明白，这次“优待”仅仅是暂时的，家里更为了这次“优待”花了不少力气。为此孩子就会有打肿脸充胖子的感觉，自己也会因为虚伪而难受。大人花了很大的劲，孩子却“不领情”，家长反过来就会认为孩子太不懂事，不理解父母的苦心——家长陷入了困境：出力不讨好！

“反正爸爸是不行了，你要不好好学习就会和我一样。”“知道自己不如人，就要好好干。”父母说这些话的本意是要孩子通过自己的努力改变自己的人生困境，是为激励孩子振作起来。但孩子从这样的话中就领悟不到这样的意思，他们对一句话的理解往往是一句话最能刺激人的那一部分，对他的刺激越大，他感受就越深。父母的教育就会变成：爸爸不如人，自己也不如人。他们还可以从父母教育他的话中为自己的这种认识找到证据，那就是自己学习也不好。

所以，父母的这种教育就像一个人对待自己皮肤的瘙痒，皮肤痒他不去用手挠挠，而是用针扎、用刀刮，使痒的部位痛起来，以达到皮肤不痒了的目的。很显然，这样的教育效果就可想而知了。

## 用孩子的优点淡化贫困的忧患

孩子自卑的表现为敏感多疑、孤僻内向等。自卑往往源于孩子很小的时候。自卑会对人的一生产生消极的影响，长期生活在自卑阴影中的孩子，会背上沉重的心理包袱，甚至一生都被自卑所困扰，影响了自己的发展前途。孩子一生下来，并没有自卑心理，而这些自卑感往往都是后天养成的。贫穷有时就会成为使孩子产生自卑感的原因之一。由于贫困造成自卑的孩子，往往缺乏富裕的家庭生活体验，缺乏对金钱客观公正的认识，这样的人对自我评价会有较大偏差。这样，就造成了一些孩子的自卑心理的三大条件。

自卑情绪是一种难以逾越的心理障碍，对孩子的身心很容易造成极大的伤害。由于贫困使孩子有自卑的情绪，他会沉浸在自怜的泥潭中无力自拔，结果沉沦于对生活心灰意冷的“自卑情结”。

有的孩子受到自卑的刺激后，就会产生强烈的逆反心理——仇富，他们为了迅速改变自己的状况，往往孤注一掷，变得极端自私，形成一切以自我为中心的狂热的“优越情结”。此种人格类型与第一种的极度自卑完全相反，由于其缺乏社会责任感和团结协作的精神，且妨碍甚至损害他人，注定将会走向失败。作为贫穷孩子的父母，要使孩子正视贫富差距的存在，清楚人与人之间交情的厚与薄不是以金钱论之的。

那么，父母要怎样帮助孩子走出自卑的阴影呢？

朱德卢是北京一所重点大学一年级的学生。他的父母都是农民，家境十分不好，朱德卢自进入大学后，自卑的心理慢慢强烈起来。在中学时因为成绩好，老师和同学们都用羡慕的眼光看待他，因此他也就忽视了因家庭的贫困给自己带来的窘境。现在为了让他上学，家里已经是债台高筑。到了北京后，在虚荣心的趋使下，朱德卢借了不少钱以掩饰自己的贫困生活。本以为北京会有很多机会，能通过打工来补贴自己，但实际上很难。朱德卢用了许多办法来提升自己的素质，但往往都是因为经济的不足而半途而废，这使他感到自己脱离不了贫穷，走不出社会底层的地位，自己不会有好的前途，不用说去光宗耀祖，甚至找个女朋友成家都很困难。在朱德卢的脑海里，自己家的画面始终挥之不去——昏暗的平房里，简单得没法再简单的破烂家具，摇晃晃的……于是，在开学3个月后，他向学校提出了退学，但学校只建议他回去休息一段时间，过一段时间看看再说。

从心理学上看，朱德卢是属于适应障碍伴随的自卑。由于在中学成绩拔尖，一直受到师长和同学关注和重视，这使他的心理能得到满足，从而也就忽视了家境本身的贫困。进入大学后，一方面人们不再如过去那样关注他，这就使朱德卢失去了原来心理满足的基础——这才使他认识到了自己贫穷的家庭与其他人的差距，而朱德卢又过分夸大地看待了这种落差，妄图以借钱的方式来掩饰自己的贫困。另一方面，到北京后的不满意，又导致了朱德卢的挫折感。另外，对于贫穷和成功，朱德卢不能做到正确的认知，这就形成了自卑心理。

对于孩子的归来，朱德卢的父母没有说一句抱怨的话，他们在朱德卢高中班主任的帮助下，决定自己来改变朱德卢的现状。

父母对朱德卢进入大学以后受到的冷落似乎很理解，父亲在与儿子闲聊的时候，总是谈到儿子中学时的一些事：哪次得了奖，哪次考了全县第一……这些辉煌的过去使朱德卢体验着过去的成功，也使他得到了一种积极的自我感受。父亲还使朱德卢逐步认识到，过去受重视和现在不受关注的原因：上中学时因为同学的地域相近、包括老师在内彼此较为了解，而北京的同学来自五湖四海，在环境上也远远大于过去等等。

针对朱德卢渴望改变家庭的现状，父母告诉他，父母最大的快乐是孩子完成学业，自己已过惯了贫困的生活。父母还告诉孩子，他应该感到骄傲，因为他是在逆境中成长的大学生，在北京，这比很多人都强，贫穷并不意味着自己一无是处。

这样，朱德卢认识到自己目前已经拥有的精神财富，以及这些财富对将来成功之路的帮助。在与父母的交谈中，他树立起了合理的人生目标，而不是追求立即摆脱贫穷。假期满了后，朱德卢又回到了北京，这次他的心思已经全部用在学习上了——这是一个普通父母正确教育的结果。

对于因贫穷而自卑的孩子来说，在他心中对贫困往往也是敏感的，自我价值会在他自己的心里飘摇不定，也因而极需要得到外界对他进行不断的优势强化。强化孩子的方法也很多，如：让孩子为自己记一本“成功簿”，让孩子每周记下自己的成功，并告诉孩子，所谓“成功”，不一定要了不起的成就，任何的小进步，以及为这种进步所做出的努力，都有资格记载入册；为孩子准备一些小奖品——每当孩子做出了一点成绩，或做了一件令他自己感到自豪的事——要及时奖励孩子，这些奖品能让孩子在贫困中找到成功的感觉和乐趣。这样做，可以避免孩子的自卑心理；如果孩子有了自卑的心理，这样做的话可以去除孩子的自卑感，当然，不同的孩子要用不同的方法，因材施教，这就是有效果的教育。

# 第四章
# 破解孩子的虚荣

## 虚荣的问题

虚荣，简单地说就是一个人过于追求表面上虚假的荣誉，也是一个人过于自尊的一种表现。有很强虚荣心的人，有时为取得大家的肯定，往往竭力地去追求浮华、虚名……他们会表现出一种不正常的荣誉观。

对于成长中的孩子来说，他们或许不知道或不全知道什么是虚荣；对于家长来说，他们可能也分不清究竟哪一件事是孩子虚荣心的表现；对于学校来说，不可能对每一个孩子都很细致地对待，对于虚荣的抵制，也只能笼统地对孩子做个大概要求，甚至有些资深的教育者，也分不清哪些是童心的再现，哪些是虚荣心的体现。有时，人们会把孩子的天性当作虚荣心来扼杀了，他们把孩子对美的一切追求都判为是虚荣心在作祟，往往会矫枉过正，使孩子无所适从。

什么是虚荣心的表现，它是没有一个严格标准的，它是根据人的经验去主观判断的，这对于一个有教育责任的人来说，他们的教育就显得很盲目。很多人不能够认识到这一点，他们的教育就毫无效果可言。同时，自己教育的失败，又会增加他们的苦恼，他们把这种苦恼全归于孩子的不争气。这就像检查一辆出轨的火车，他们总认为轨道无问题，翻车一定是火车的问题。其实并不是这样，造成火车出事的往往是轨道的问题。同样，教育者实施自己的教育时，很少有人检查自己教育的尺度和方向，他们把一切过错都归罪于孩子。

对于孩子来说，他们不知道自己做错了什么，自己所追求的荣誉，他们不知道这还有什么不妥，给他们的困惑是：张三这样打扮，李四也在打扮，我心里也想这样做，这又有什么不对呢？不仅如此，他们还能在日益发达的各种不同的媒体中，为他们行为的正确找到理论依据——这叫孩子克服虚荣心就更难了。另一方面，孩子面对父母时，他们从父母那里也找不到什么是虚荣的准确答案，即使是孩子想抵制虚荣，也是不知从何处做起。

什么是虚荣，只是一个概念性的东西，每一个人的尺度是不一样的，这就要为人父母者自己去判断掌握。父母要把虚荣的尺度与自己的标准、社会的要求和孩子的实际这三者结合，还要在教育孩子的过程中，注重修正自己把握虚荣的尺度。

那么，在这里对于虚荣的判断，我们要给父母一个正确的方法，可孩子的哪些表现能证明他有虚荣的倾向呢？

1. 他们经常利用撒谎、投机、要手段等不正常方法去猎取名誉，而且通常是不愿脚踏实地去做事。用这种方式获得名誉后，他还大力地宣扬自己的荣誉，并心安理得地享受着荣誉；对没有获得荣誉的人他们还给予轻视的态度。

2. 他们在物质使用上总想获得他人的肯定，当别人不给予肯定，即使不置可否，他们心里也会很难受。在他们看来，不肯定就是对他们的否定。

他们好在同学中攀比，如看见别人穿了件新衣服，自己就一定也要买件漂亮的衣服；自己穿了双新鞋时，就会把脚伸给别人看，夸耀自己家的富足；他们还装作自己什么都知道，常说："这有啥稀奇！"他们爱听表扬、受不了批评，只能赢、不能输，否则就对家人大吵大闹，这样的孩子心理很容易失去平衡。

3. 在社交上好出风头。

他们极力隐藏住内心的脆弱，在公众场合装作无比的强大；遇事时要么退缩，要么就在与人矛盾冲突中由于过于紧张而失手，由此而抱憾终身；他们装作强势是给一些人看的，想引起人们的注意，比如，比他低的年级同学、学校的师长，还有自己心仪的异性等。

4. 他们在总认为天下唯我独尊的同时，嫉妒心也很强，他们会想办法攻击比自己强的同学和朋友，以此求得自己心理上的平衡。他们不在学习上刻苦用功，但看到别人超出了自己，这也会淡化他们向上追求的精神。

这四种是孩子有恶性虚荣的常见现象。注意，之所以用"恶性虚荣"这种说法，是因为大多数孩子都或多或少的有些虚荣，只是有人仅仅只表现在一个时间点上，属于正常的人性的弱点，而有的孩子的虚荣心致使性格扭曲。前者教育者极易调节或孩子自己知道调节，甚至有的是不要父母去在意的；后者则是我们所担心的，更是急为需要父母给予孩子修正的。

虚荣，每个人或多或少都拥有一点。但有的人懂得如何适度地表现自己的“虚荣心”，如自己能把虚荣心控制得当，那就是对人的一种礼貌，一项能为自己服务的东西。比如，在一些重要的场合，他们会把自己包装一下：衣着得体、谈吐恰如其分……这些人绝不会把这番出众当成是自己人生的全部追求，事情过后，他们依旧过回正常的生活状态。这些人只为“实在”而活着，他们不被虚荣所左右。

可是，在生活中有如一位诗人说的那样：“虚荣，虚荣，世界上由于虚荣引发的惨烈竞争，是最不幸最恶劣的事。”人们因虚荣而给生活带来不幸是举不胜举的，虚荣的人永远保持他的虚荣的心态也随处可见，我们现在所说的孩子，在虚荣这方面并不是一个例外的群体。因此，凡虚荣的孩子，总有一天，会和他周围的人发生冲突，有的最后会一败涂地。虚荣虽然可以自欺欺人，但它欺骗不了生活。虚荣是对生活阴暗面的一种掩盖心理，但生活是实在的，想掩盖它只会给自己的生活带来痛苦。

张某是上海市一所重点中学一个17岁的高三学生。刚入高中的时候，他的学习很好，为人也很热情，同学们都很喜欢他，还多次成为学校的三好学生。

可在高二那年，他慢慢地发现，有些同学不再像以前那样围靠在他周围了，而是喜欢和身穿名牌服装、装扮时尚的同学在一起。张某因此渐渐地感到失落和沮丧，他不甘心失去往日前呼后拥的“风采”，他需要满足自己的虚荣心。张某陷入了这种无法摆脱的虚荣之中，于是，张某一旦没有得到他想要的东西，他就会感到身价暴跌。这时候，张某就开始在着装上追求着自己的时尚，以此希望再次得到同学的“认可”。但是他的家庭经济条件并不好，虽然家里已经尽最大的能力满足他的一些要求，但他还是感到自己不能在穿着上被其他同学羡慕。

如果有这样一种虚荣心，那么，人生就注定会有许多痛苦和挫折。张某沉浸在这种被同学“抛弃”的痛苦当中，没有人来开导他，父母根本没有注意到他的变化。就在高三快结束的一天，他做出了一个错误的选择。因为虚荣往往会造成一个人痛苦不堪甚至变态，它是一个人走向罪恶的动因，当虚荣心极其膨胀时，它就会使人有危及他人的恶行。

他想，经济决定一切。于是，他决定对住在该城市某小区三楼的一家女主人邢某下手。他了解到，她在银行营业部工作，每天21:30分左右回家，那时，邢某住的整栋楼外就没什么人了。那天下午，他带了一把水果刀，事先躲在这栋楼的四楼楼梯口，看到邢某从楼下上来，他装作下楼，等邢某从他身边走过的时候，他突然迎上去，一只手扼住邢某的脖子，另一只手抢夺邢某手中的包，邢某马上反抗并呼救，张某担心自己罪行败露，在慌乱中掏出凶器向邢某身上连连乱刺，看到邢某倒在血泊中，他才夺路而逃。随后张某逃入附近的一个公园里被警察抓住。受害人邢某因伤势过重造成终生残疾。

张某因为自己的虚荣心，才以暴力手段强行劫取受害人邢某的财物，他的行为已经构成了抢劫罪。根据《中华人民共和国刑法》规定，抢劫致人重伤的应处10年以上有期徒刑、无期徒刑或者死刑。但考虑到张某犯罪时未满18周岁，按刑法规定：“已满14周岁，未满18周岁的人犯罪，应当从轻或减轻处罚”。张某被判处有期徒刑10年。

毫无疑问，张某的人生毁在了自己的虚荣心上。事后很多人在评价这件事时，往往只把焦点放在这个孩子身上，而忽视了父母教育的失误。如果他的父母能及时引导自己的孩子，使孩子从虚荣中解脱出来，事情可能就不会这么糟糕。

孩子的虚荣心从表面上也不难看出，有人会觉得虚荣心就是面子上的功夫，其实不然，这里面充满了很多玄机。

虚荣心在生活中会给孩子一种心理上的暗示，在不知不觉中，它能给孩子锁定生活的目标。于是，虚荣心强的孩子，在确定生活的目标时，就不太会客观考虑实际的需求，而首先想到的是面子，就是要做给他人看。他们要的是面子，而不会踏踏实实地去生活和学习。所以这样的孩子往往性格浮躁，与人说话交流时缺乏诚恳，让人觉得他实际上是把内心的真实想法封闭起来的，在表面热情之下，你也可以感觉到孩子的心离你很远。

虚荣心强的孩子活得很累，嘴上还不饶人，内心却极度自卑。他们说话做事会做作，在看似一板一眼的言行后边，还隐藏着对自己的一种深深的不信任，这是一种对自己生活的惶恐。因为他们在做事时有达不到目的时的恐慌，或达到目的后又怕失去的担心害怕。所以，虚荣心强的人永远活在强烈的不安中。

虚荣心强的孩子喜欢傲视他人，他们会负面地讽刺、挖苦、贬低他人来抬高自己。因为其他孩子的成就会让他觉得自卑，即便他与这个人毫不相干。为了克服自己内心的强烈自卑，这种孩子认为最好的方法就是去贬低、诋毁他人。这就解释了虚荣心强的孩子为什么会莫名其妙地仇恨与他毫不相干的人，尤其是那些有所成就的人。虚荣心强的孩子听不得、容不得大人的意见，因为他人的不同意见会被他当作对他的挑战，虚荣心强的孩子会因此做出强烈的负面反应。在生活中，有时人们往往不理解为什么有的孩子在一件小事上大吵大闹、大做文章，对他人揪住不放，其事实是别人的话点到了他的要害，而虚荣心强的人是不愿意去面对生活的真实部分的。

因此，作为家长，要知道孩子的虚荣心一旦形成，如果不加以及时的引导开化，伴随你孩子的就会有很多不良的心态、习惯和行为。

## 孩子的虚荣，大人也有错

我们要把人正常的打扮与虚荣心区别开来，正常对美的追求，我们不能也把它划在虚荣的范围里，这是在纠正孩子过于打扮时的一个前提。父母更不能随心所欲地评价孩子的穿戴，在模棱两可的时候，一定不要对孩子的穿戴妄加论断。

孩子把衣服穿整洁一点，头发干净一点，尽管这些方面会花去孩子很多时间，但我们不能说这就是一种虚荣，即使这种整理有虚荣的成分，因为它不会影响孩子的身心，只要你指导孩子如何去提高做事的效率就行了。孩子在你的催促和指导中，会逐渐淡化对美的过分追求，父母在指导的过程中，对孩子再加一二句对美的正确评价，这就在潜移默化中教着孩子树立正确的审美观。这就是正确的教育方式，效果也很好。

在一些孩子当中，过于爱打扮是虚荣的一种常见的表现形式。在生活的过程中，不难看到一些孩子在极力地打扮自己，就是孩子的家庭经济不允许，他们也会把自己打扮得很好，并且他们的打扮与自己的表现欲是连在一起的，有时就连穿一件新衣服，他们也会招摇过市，以此在众人面前炫耀一番。

教育者对于孩子衣装的纠正，往往很难得到好的效果，这是很多家长苦恼的事，其中的缘由，往往是出在对孩子说教方法上的不当。

对于孩子爱打扮，给人带来直接的麻烦是：

1. 一心追求漂亮，心就不在学习上。

2. 有时衣着不会得体，看起来不太雅观。

3. 打扮常常花去很多时间。

4. 多买一些物品，家庭经济上就难以承受。

……

出现这些问题后，很多父母都会想方设法去纠正孩子。于是看到孩子打扮，家长就开始来教育他的孩子。毫无疑问，对于这些事，没有教育经验的父母对孩子的说教，就会围绕上面的主题来教育孩子。在家长看来，他是教育孩子不要因为虚荣而过于打扮自己，他们还会举例子来证明孩子过于打扮的害处，比如影响学习，父母挣钱不容易……在这些教育材料中，更多的父母是把“影响学习”作为教育主题，他们认为这个教育材料教育起来，对孩子是最有力度的。于是，就这一个教育材料，不同的家长，会用语言演绎出不同的说话版本：

“你这样不耽误学习吗？”

“成绩这样差，还要打扮吗？”

“对待学习，要像你打扮自己那样用心就好了。”

“你的成绩差，就是因为你太爱打扮了。”

这样的说教，你会感觉到一点效果都没有，孩子依然我行我素。

有的家长会说：难道我说的错了吗？我可以告诉你，上面几句对孩子说教的话，针对事实而言，一句也没有错。但是，不是对的语言就一定有教育的效果的，这也正是很多父母在教育孩子时不理解的地方。

我们来分析一下上文中父母的几句话。孩子的“病因”是有了虚荣心，父母最理想的教育效果是孩子能去掉那份虚荣，如果不能得到这种教育效果，父母就会在心理上自然地退一步：你虚荣我暂且不管，不要影响学习就好。因此，教育者在说这句话的时候，他已经对孩子的虚荣心妥协了。我们提炼出这几句话的意思就不难看出，这几句话的意思，好像是跟“虚荣心”的关系不大，它仅仅是在说打扮与学习的关系。告诉孩子的信息是：学习不好是因为打扮的原因。

对于孩子来说，他接受的却是“自己更好看一点会影响学习”。孩子心里清楚，造成学习不好的因素有很多：上课不专心、拖拉作业、老师不负责任……学习不好，是孩子不想看到的，这可能是孩子的伤疤。是伤疤的话，这是任何人都不想别人去“揭”的。“好看就影响学习”孩子是想不通的，不但孩子想不通，就是一个大人也不会想通的，想不通孩子就不会接受。在孩子看来，打扮与学习相比较，大人更看重的是学习，这次大人的说教，是对他学习不好的不满，他们不理解，是因为他们的打扮给大人带来对自己的学习与虚荣的双重不满，本来的目的还是劝诫他们不要有虚荣心。

不可否认，大人在说这几句话时是带有情绪的。可在孩子看来，这可能是父母即兴的话，也就是说，大人并没有认真地在反对他们的打扮，大人的话也就自然地成了孩子的耳旁风。

孩子只理解追求美是没有错的，就像去吹气球，他们只知道吹大起来是没有错的，但他们不知道吹多大时该停手。这也就是说，他们不知道自己打扮到什么地步就是虚荣了，他们不完全理解什么是美，只知道“追求美是没有错的”这一点，并且这种“追求”又不断地在促使他们为满足自己虚荣心而打扮。

所以，父母的教育就变成了以下的概括：

面对孩子的过错，用你习惯的唠叨，说一些与问题无关的话，你揭着孩子的伤疤，发泄着自己的情绪，阻止孩子对美的追求——这就是你教育的实质。你想，这种教育还会有效果吗？

# 爱打扮也是一种虚荣

出于虚荣心的打扮，是孩子慢慢形成的不良行为。一个孩子，他不是一下子变得爱打扮的，从正常的穿衣到用衣着来哗众取宠，它是一个逐渐膨胀的过程，犹如一个被吹起的气球，是渐渐大起来的。孩子为爱慕虚荣而打扮自己，这与所处的环境对他的影响有关。造成孩子爱打扮，可能来自父母等家人，也可能来自孩子接触的媒体、同伴等。对于孩子过于爱打扮，不是一下子能纠正过来的，需要有一个纠正的时间和策略。

父母要改变孩子爱打扮的现象，主要是采用注意转移法，想办法把孩子对衣着美的理解转移到正确的轨道上来。家长要有意识地培养孩子在其他方面的兴趣，淡化对穿衣打扮方面的注意，久而久之会有效果。要针对孩子的接受能力，对孩子进行正确审美观的教育。还要通过观察分析，了解孩子的爱打扮是来自环境中的哪一方面的影响，尽量消除这一影响因素。

小玲是一个14岁的女孩子。她活泼可爱，平时喜欢打扮自已，还经常爱照镜子，她穿漂亮衣服的那一天心情是高兴的，哪一天要是穿的衣服她以为不太好，她就会很沮丧。每天她会早早地起床，花上很长时间打扮自己。在她的书包里，装着一面小镜子，一有时间她就会拿出镜子端详自己。学校老师也反映，小玲常把心思放在自己的打扮上，有时上课也不例外。父母看到她打扮，有时只说一二句“把心思放在学习上”之类的话，但总不见效果。就要快考高中了，小玲的这个样子，老师和家长看在眼里，急在心里。当然对于小玲的爱打扮，父母简单的说教，对于一个正值花季的少女来说显然是无济于事的，因为爱美是女孩子的天性。

首先，父母要给小玲找出造成这种行为的缘由。原来在小玲小时候，早晨，爱赖在床上不想起来，她妈妈在给她穿衣服的时候就经常哄她说：

“你看邻居的××小孩，他都没有这样好看的衣服，快起来穿呀！”

在小玲的心里，妈妈有瞧不起邻居××小孩的意思，原因就是邻居的××小孩没有好看衣服。妈妈的话不仅膨胀了小玲有好看衣服的心理优势，而且这种心理优势会强化成“没有好看衣服就会受到嘲笑的”这一心理；还有，小时候，由于她的妈妈总是把她打扮得漂漂亮亮的，大人看到她总会夸她说：“小玲穿的真漂亮！”这又是对小玲“没有好看衣服就会受到嘲笑”的心理第二种强化；再一个，就是少男少女对时下明星们的追捧时，她会听到一些人对明星们衣着打扮的赞赏，在自己模仿的同时，这又是对“没有好看衣服就会受到嘲笑”

的第三种心理强化。在这三种强化下，她就会对自己的打扮异常的敏感，认为只有好的装扮才会得到他人的重视和尊重。当他们不能按照自己理想的方式去装扮自己，或他们的装扮不能得到他们期望的效果时，他们的自尊就会受到伤害。当然，造成这种心理的还有很多其他的因素。

知道了原因，接下来就可以确定我们的教育方式，我们要小玲认识到的是：

1. 人们对你的认可与打扮的关系是：生活中过于打扮自己会招来他人的反感。

2. 什么是得体的衣装。

在教育的过程中，尽量不要与她因打扮而造成的后果相联系或少联系。也就是说，不要用孩子缺失的部分来说教孩子。

因为要使孩子知道这个道理，每一位父母都能做到，或许只是花上几分钟的事。一个人知道很多道理，也明白很多道理，但他不一定会接受、认可这个道理。我们对孩子的教育往往只停留在“知道道理，明白道理”上，没有做到使孩子对道理的“认可和接受”。所以，要想孩子认可，还要对他进行不断的强化，这是一个要花很长时间的过程。这是很多教育者不能做到的，这也是教育没有效果的又一大原因。所以说不要用孩子缺失的部分来说教孩子，因为这样只会削弱对孩子的强化教育。

有了对小玲教育的方向，在方式上我们不要太教条。在小玲面前，我们要找一些有关人穿着的例子，当然，正反面的例子都要有，我们对这些例子进行客观的评价，把这种评价当成生活中很随意的谈话，交谈的对象不一定非要直接面对小玲，但一定要使她听见。

父母可以多这样说：

“大家都说隔壁小文穿的好，今天遇见她，看她穿的还真是不错！”

这是一个正面的例子，你给小玲的这个信息所带来的结果是：她会去观察小文，把自己与小文对比。当然，要想小玲在心理上完全顺从小文的穿戴方式，这还要你不断地去强化。

同样地，在不经意中你要使小玲听到：

“在电视上这个女孩打扮的太妖艳，我的同事都非常讨厌这个形象。”

“小玲，今天王阿姨看见我说，看你没戴耳环，她说你是这个楼里最漂亮的女孩，说得我高兴死了。”

“小玲，你还是把头发扎起来吧，这样看起来你更精神。”

“穿的简单，看起来就很精神。”

……

父母在这样教育孩子的时候，说的都是实实在在的东西，长期这样说，父母是很辛苦，但小玲可能也能理解父母的苦心，同时，这种教育方式小玲也能接受，并会慢慢地使自己的打扮趋于正常化。好打扮的心理改了过来，她平时的一些其他与打扮有关的举动也就随之不存在了，父母的教育效果也就达到了。

# 都是时尚惹的祸

在现实生活中，孩子在买东西、用东西的过程中，他们不仅仅在款式上有所要求，还要求符合眼下的流行时尚，他们总是要家长买一些时尚的用品，这样他们才会心满意足。即使是再实用的东西，要是在生活中不流行，他们也会不屑一顾。因为孩子会觉得用不流行的东西，在同学面前会很没面子，同学们会嘲笑他。于是，孩子总是注意着当下流行的东西：一个书包、一件上衣、一个玩具、一种新的游戏……市场上流行什么他们就向父母要什么。他们的生活用品几个月、甚至几天就要求更换，尽管原来的东西还可以用，但他们会因为东西的“过时”而弃置一旁。

现在在很多孩子的家里，都会有很多孩子不用的东西，有的东西只用了几次。家长感到留在家里孩子也不会再用它，扔了吧又觉得可惜，看着这一堆无用的东西，感觉孩子很是浪费。家境好的可能只会担心孩子养成奢侈的坏习惯，家境不好的不仅仅会担心孩子会养成奢侈的坏习惯，更为家里经济上的负担越来越沉重而发愁。

孩子追求时尚所带来的问题还不仅仅是这些，在这之前还有很多问题出现，具体是：

1. 在父母给孩子买东西时，孩子与父母的意见往往不能统一。

2. 孩子要求买东西的次数太多了，家里负担起来很吃力。

3. 爱和同学攀比。

4. 孩子要买的东西，家长不能有半点耽搁。

……

家长在给孩子买用的东西的时候，考虑是多方面的：这个东西需要买的话，他首先考虑到的是东西的“有用”，然后再征询孩子的意见。大人很忙，还要特地抽出时间来，买的时候，还要考虑到东西的实用价值的最大化，用起来是不是适合孩子，家境不好的还要考虑它的价钱——父母买东西比孩子考虑的周全，孩子的事父母总是很用心的。可怜天下父母心，这一些细节上的东西，孩子是不知道的，这是父母不知不觉这样去做的，这就是父母对孩子一种爱的本能的体现。可当孩子在买东西的时候，他仅仅只考虑东西的流行状况，把其他的一切因素抛到九霄云外，而且这种盲目的购物方式在家长看来，孩子是一点主见都没有。

于是，对于孩子总是流行什么要什么，大部分烦恼的家长往往会这样去抵制孩子：

1. 对于孩子的要求不予理睬。

2. 父母会这样说教孩子：

“你不是刚买了鞋子吗，怎么又要买？”

“妈妈的这件上衣都穿一年了。”

父母这样的教育，仍然使孩子沉浸在对要买东西的渴望中，孩子得不到满足，心情就会很不好。孩子就是要父母教育的，父母教育不好，那当然父母也会有一定的责任。

对于父母来说，买孩子最满意的东西是为人父母的心愿。在当今，就是家境再不好，大部分家庭里的孩子也会有几件像样的衣服，更不要说家境比较好的了。与自己相比，孩子用的东西父母永远是把它放第一位的。父母不希望自己的孩子受委屈，他希望自己的孩子与其他孩子一样快乐。这与父母的矛盾是：当孩子有太多的购物要求时，甚至是到了奢侈的地步，这样家长就不得不反对了。他们希望孩子能认识到：挣钱很辛苦、买的东西不能“尽其用”太可惜了、追求时尚没有多大实际意义……

可对于孩子来说，他们也是有难处的：

因为学校里很多人崇尚时尚，同学课下总是以流行时尚为话题，自己穿的“守旧”，和同学在一起就会没有话可说；穿的“守旧”，人还会显得很傻，并且孩子不想使自己看起来很寒酸……心里的这些“苦闷”，孩子无法和大人们去交流。在孩子看来，最方便直接的解决办法，就是流行什么时自己能及时去买什么，孩子把所有的“苦闷”统统化作这个简单的行动——父母是不会理解这一切的。

明白了父母与孩子各自的想法，我们就不难看出二者存在的分歧。之后我们再来审视父母对孩子的这番教育办法：

对于孩子的要求不予理睬，这可能不是一种好办法。有的父母就会对孩子的要求装聋作哑，装作没听见，装作给忘记了，这唯一的好处就是起到了对孩子拖延的作用，家长的目的是转移孩子的注意力，希望孩子在拖延中淡忘自己的要求。可家长不知道，孩子的同伴可能天天在谈、在用孩子所要的东西，也就是说，有外界在不断地强化着孩子对所要东西的渴望，父母的装聋作哑和无动于衷对孩子来说，是一种痛苦煎熬的过程，这个过程只会令孩子更想得到自己所要求的东西。

对于我们教育孩子的那几句话，在孩子看来，他们都有完美的回答，父母说“你不是刚买了鞋子吗，怎么又要买？”孩子给的答案是：现在的那种款式要比先前买的那双好，班上很多人都在穿；多一双鞋交换着穿更好。对于“妈妈的这件上衣都穿一年了”那句，孩子的理解是：那是妈妈喜欢那件衣服，不喜欢的话，钱在妈妈手里，她会知道给自己换衣服的。

有时孩子的想法就是这样的简单，或者说是不懂事，这就是教育要解决的问题之一。如果父母把孩子对时尚追求的虚荣举动，想用打发的态度来解决，那么，父母的教育就不会有效果，正如父母反对孩子流行什么要什么时，总结大多数的父母的教育方法是：

或用无言去对抗孩子，使孩子在渴望中苦苦地等待；或者父母对孩子的说教毫无针对性，一边是父母的煞费苦心，一边是孩子没有半点转变——很多父母会迷茫：究竟我们错在哪里呢？

# 用事实说话

一些年少无知的孩子，他们十分注重自己穿戴的时尚，一旦家长不能满足，他们就会有很多不良的心态、习惯和行为。他们在生活中只会关注眼前的时尚，而忽视了自己的学业。就是一个表现不错的孩子，有时也会因为摆脱落后的窘境而走上邪路，这就是虚荣心的驱使。一个虚荣心很强的人，他是不会意识到自己是虚荣的，更不会承认自己是因为虚荣而时尚。在孩子看来，追求时尚是一个人有档次的体现，他们不知道，如果对时下流行的东西总是抱有浓厚、强烈的情感，他们就会在自己的实际行为上装腔作势、缺乏真实，待人也会显得突出自我、浮躁不安。

对于大一点的孩子而言，追时尚、赶流行，他们感觉自己并没有什么不好的。在他们看来，如果一个人不追求时尚，就会感到这个人是落后于这个时代的。比如说：如果现在有一个人还在穿十年前的衣服，看见的人会怎么想，所以孩子感到人应该追求时尚。

面对一个追求时尚成瘾的孩子，我们纠正的办法，就是把一个时尚的实践者教育成为时尚的审美者和评价者，这就要为人父母先去理解孩子，然后再教育孩子理解时尚，再进一步教育孩子去理解家里的实际生活状况。过于追求时尚的孩子，他们的年龄都比较偏大，自己对审美就能有一定的理解。所以，对这样的孩子要动之以情，晓知以礼，效果就会比较大。

有一个大男孩子，家境还可以，今年已经是高二了，他的学习成绩不错，是班里的学习委员。这个孩子的穿、戴、用一直都是最时尚的，追星也是很疯狂的，当然思想也是很前卫的。作为班级的一个“小领导”，他把自己的这种风气还带到了班集体，就在要升到高三的时候，班里很多人受他的影响也“前卫”起来。在湖南卫视超女选拔赛的时候，孩子们的心里似乎不再是装着学习，而是整天谈着超级女生。这个大男孩更是其中的佼佼者，他用的是超女代言的产品，模仿的是超女的装扮，就是有时在作文中也掺杂着有关超女的素材……

老师找到他的家长，说男孩子这样下去，心思就不会在学习上，学习肯定会掉队；还说孩子已经带坏了班级的风气。

其实家长也很苦恼：在这一段时间里，发现他们的孩子变了，钱花多了不说，穿戴也“古怪”起来，在家里的自习也没以前认真了，他的心思全用在了追捧时尚的事上。

可能这里家长还不知道，这个时候班里其他孩子的追随，这更加剧了这个男孩对时尚的用心，他会有一种成就感，他的虚荣心也在不停地膨胀，如果不加以阻止，这个孩子就会随之堕落下去。

于是，对于在孩子面前飙起的流行风，家长和老师进行了联手抓的策略。一方面，老师在学校里煞住这股歪风，但要想把孩子附在时尚中的心思拉到学习上来，还要家长的配合教育。在另一方面，这个男孩的家长对孩子的教育，并没把重点放在语言上，像“你该如何如何”这样的语言，他们闭口不提，更不用说他们会带有评判性质的言语了。他们的做法是这样的：

在一个周五，父亲说为使家里的生活过的更前卫，周六家里要开一个“时尚大比拼”活动，参加的是孩子、爸爸、妈妈。题目是“我的时尚历程和谈谈时尚给了我什么”，要求参赛者用近三年所买的实物表现他的时尚历程，并要说出时尚给自己带来的感触。优胜者可以获得家庭给他提供的1000元时尚基金，以此来鼓励他时尚生活。

孩子很高兴，参加的热情也很高。在周六，家中的三个人忙活开来，孩子把近三年所买的东西一一摆开：有上百件并没有穿过多久的名牌衣服、名牌鞋帽，有他现在早已不用的随身听：从装磁带的小录音机到mp4，还有好几个mp3．一个md以及cd播放器等，还有好几个电玩……可以说，在孩子的每一件物品中都能看到当时的流行时尚。

父母把他们近三年私人用的东西也一一摆开了。

展示是从孩子开始的，孩子很兴奋，一一列举着在当时时尚的大潮中具有代表性的东西，可以看出，他的每件东西都是在赶着潮流。

值得注意的是，家长的教育有没有效果，关键是看方法。比如在孩子兴奋的评点中，有一个md，价钱当时是用了2500元，可两年不到，孩子已经不再用它了，当孩子在评价这个md时，有的家长会这样说：

这么贵，你看太不值了吧！

买了你也不用，你还要买，这太亏了！

你不感到这是在糟蹋钱吗？

……

如果家长这样说，家里举办这次活动的意义就会不再有了，孩子也不愉快，会对活动失去兴奋。当孩子在评价这个md时，他的父亲仅仅说一句：

“这是我当时用三个月的奖金给你买的。”

他的母亲插了一句：

“当时我们跑了三家商场才买到，但这使我们感受了新产品的魅力，也值。”

当孩子在评价一个mp4时，他的母亲笑着说：

“我当时看中了一款新手机，结果我把钱省给你买了，你要感谢我！”

……

孩子在评价每一件东西时，听着家长的话，似乎能感到自己在赶时尚的同时，其中更夹杂着父母的一分艰辛。孩子说完了他的东西，在孩子的评述中，旁观者可以看出孩子的东西仅仅是为赶时尚而已，很多东西都不太实用。

这时，轮到他的父母开始评述自己的物品了。他父母各自的东西不是很多，在父母的介绍中，可以看出他们买这些东西的时候，并不是仅仅看重它的流行程度，而是它的实用性。他的父母指着他们的物品做着不同的评价：

“这件衣服当时很流行，现在穿起来也还是好看的。”

“这件衣服我一直穿了二年。”

“这双鞋是你和儿子那双一道买的，你的是120元，儿子那双是400元吧！”

……

介绍完了各自的东西，该谈感想的时候了。这时的孩子似乎已经没有先前的那种兴奋了，因为时尚给他带来的大部分只是在同学之中的炫耀，那种优势心理，他在这个时候是说不出口的，因为他知道那是自己的虚荣。时尚给了他什么？可能只有一时的高兴和得到在同学中炫耀的心理上的满足，他再也找不出其他的理由了。

他的父母在谈时尚给了他们什么时，他们把对时尚的认识说给孩子听，在无形中教化孩子。他已是一个大孩子，很多道理孩子是懂的。

在这次家庭活动中，孩子看到自己的时尚是建立在父母的艰辛之上的，这是他受到的教育之一。再者，看到自己先前买的东西都没有什么大用处，而自己还在继续这种愚蠢的行动，这对于一个高二的孩子来说，这是用自己的现实在教育自己，效果是不言而喻的。

时尚大比拼的结果很显然是孩子获胜，但孩子并没有接受那1000元，而是把钱放到了父母的口袋里，这个举动可以看出，父母的教育是很有效果的。

孩子父母的这次活动，起到了几个方面的作用：

1. 活动很对孩子的胃口，孩子很容易接受。

2. 这种亲子的活动拉近了父母与孩子的距离，更加深了与孩子的情感交流。

3. 在潜移默化中，使孩子理解了时尚的真正含义、理解了父母的心。

4. 使孩子自己去感受自己的错误，并自己去校正。

所以，父母在教育孩子的时候，要讲究一些方法。这个男孩子的父母，通过孩子感兴趣的一次活动，不仅仅使孩子认识到追求时尚的真正意义，还使孩子更加认识到父母的辛劳。孩子明白了，自己的时尚生活对家庭来说是一种经济上的浪费，这种意识就会冲淡男孩子对于虚荣的追求，使他去掉那些生活中浮华的东西，能实实在在地面对自己的生活。

# 都是面子在惹祸

无论是大人和孩子，都会有爱面子的心理，只是不同的人，他们对爱面子的强烈程度有所不同。在生活中，一个虚荣爱面子的人，一方面会对自己所犯的错误百般地掩饰，同时，他们又会极力地回避错误；一方面他们对自己的优点会在朋友中夸大，他们对于自己在生活中的一点点优势，会极力地在他人面前炫耀。比如有的家长，在和人谈到孩子的时候，假如他们家的孩子缺点很多，他们会回避孩子的话题；如果自己的孩子和其他孩子相比有优势，他们就会在公众面前大谈他的孩子，并将事实进行夸大——大人这样的做法会给同事和自己的孩子都造成伤害：对于听者来说，如果他的孩子不如夸的人的孩子出色，他们会在下意识里认为，这个人在夸他自己孩子的同时，也是在贬低别人的孩子；对于孩子来说，如果他听到对于自己不切实际的夸赞，心里会有很大的压力，同时，大人更是在无意识地培养孩子的虚荣心。

所以，逞强好胜、死要面子是一个人的悲哀，也是很可笑的。面子是一种支撑伪善的工具，它会培养和隐藏一个人的虚荣心。一般来说，爱面子、讲面子都是人的本能，但凡事有个度，如果爱面子到了活受罪的地步，结果就会不太好，生活也不会太快乐。

爱面子的心理作为孩子人格的一部分，很大程度上与孩子成长的家庭环境有关。这就是父母的虚荣心强的话，一般培养出的孩子都很爱面子，一家人把面子看得是很重要的，尽管他们的父母有时也教导他们的孩子要活得真实，但在这样的家庭里，有许多忌讳的话不能讲，有许多被认为是家庭的阴暗面的，他们不准许孩子向外界说。这样的家庭攀比心理特别的重，对于比自己家条件好的家庭，他们很羡慕，但同时，因为自己的不如人而又在他们的心里隐藏着一分自卑。因为他们的孩子在这种家庭的氛围下活得很虚伪，所以当他们的孩子在与其他孩子相比处于劣势时，孩子会和他们一样显得很自卑，孩子会对比自己条件优越的同伴持逃避态度；当他们积攒了一些优势时，他们又极力地去炫耀自己，同时他们又会贬低其他的人——这样的孩子很少有朋友，与他相处的人会感到他不实在，他渐渐地就会被同伴孤立起来。

当然，这样的孩子也会使家长有很多的不满意：

1. 别人有的东西他也要有。

2. 和其他的孩子总是有很多矛盾。

3. 常常会对家里人进行欺骗，不说实话。

……

家长总是希望自己的孩子优秀一些，家长在教育孩子的同时，往往会忽视自己给孩子的印象或者自己对孩子的影响，他们不知道孩子的一些习惯往往与自己的行为有关。对于孩子上述的一些问题，他们更不会去找出问题的根本缘由，在他们看来，“别人有的东西他也要有”，只是孩子无理的取闹，他们把这件事看得很表面；“和其他的孩子总是有很多矛盾”，孩子之间的矛盾，不是哪一个的错——这是不护短的家长这样认为。有些护短的家长总会认为都是其他孩子的错，这是很糟糕的心态；至于说假话，这时大人的教育，往往只是在孩子面前用“你什么时候学会骗人了？”这么一句悲叹，也就算对孩子进行教育了。

所以，这类父母就会这样教育他的孩子：

1. 用“那东西没有用！要它干嘛？你傻呀！”去斥责孩子。

2. 用“等几天我给你买比他的更好的”去糊弄孩子。

……

当然，还会有“你什么时候学会骗人了？”这句。

教育就像治病，要从根本上找出原因，才能标本兼治。那种流于表面的，或者说是毫无力度的说教是不会有效果的。

比如对于爱面子的父母来说，当看到自己的孩子为攀比要求得到其他孩子一样的东西时，他们在允许或不允许孩子的要求时，在心理上都含有不正常的因素：

允许孩子的要求，不是因为孩子需要这件东西，而是因为其他孩子有，自己的孩子要是没有的话，自己就会感到很没面子，特别是在听孩子之间为这事吵闹的时候，他们会觉得很尴尬。满足孩子的要求，这些问题就会迎刃而解，并且对于没有这件东西的孩子的父母来说，他们也会感到一种“生活的优越”感。

不允许孩子的要求，也不是爱面子的父母不想满足孩子的要求，他们对于满足孩子的要求也有强烈的愿望，只是自己囊中羞涩而已，所以在孩子要求时，往往会冒出“等几天我给你买比他的更好的”一句话去糊弄孩子。

对于虚荣的孩子来说，他想要这件东西，仅仅是别的孩子有，自己没有就会没面子，至于有没有用，那是另一回事，父母有没有钱也不是他考虑的事，重要的是先保住自己的面子要紧。当然，孩子也看准了大人的心态：自己在同伴面前缺乏优势，父母也会感到自己没面子。这就使孩子的要求有了底气，“别人有什么，我就要有什么”，这种要求在孩子的眼里就变成理直气壮的了。

因此，在教育的过程中，作为父母的大人们，是否也是虚荣心很强、爱面子，这是能否有效教育孩子的关键。打铁还要自身硬，要想教育好孩子，先不管方法上是否对头，看看自己给孩子一个什么样的环境和榜样再说。

当然，不是所有爱面子的孩子的父母也是爱面子的，造成孩子爱面子的其他因素也很多，不全都是家庭的影响。但无论什么样的父母，往往在教育孩子时都会说“等几天我给你买比他的更好的”诸如此类的话，他们误认为这就是教育。

其实，父母也明白孩子是在攀比，他们要么在教育孩子时底气不足，要么只对孩子说几句无关痛痒的话，要么就用满足孩子来纵容孩子的虚荣。当孩子在攀比中吃了自酿的苦果时，父母往往会回过头来说：我早就说过他，可孩子就是不听我的话呀！

# 教育孩子接受自己的不足

死爱面子的孩子往往好大喜功，在生活中总有莫名的优越感，他们喜欢接受奉承，更喜欢去指挥别人。这些孩子在生活中总会死守面子，做事时一切以面子为重，这样爱面子的孩子在成才的道路上常会受到很大的束缚。因此，我们要教育孩子，没有必要处处都要比过他人，因为每一个人都有自己的优势，要敢于承认自己的不足，要敢于对自己不会做的事、不能做的事说不，这样，就会使孩子健康快乐地成长。

生活中的面子问题让许多人变得虚荣，有的也因此为日后的生活埋下了隐患或祸根。而人们在刚刚开始时，会疏忽这一种完全可以导致病态的心理，当然适度的虚荣不会带来很大的危害，甚至会推动人的前进，但虚荣若超过了一定限度，那么危害就显而易见了。事实上，许多悲剧和社会问题都源于此。

有一个年轻的妈妈，一天去幼儿园接孩子回来，当看到孩子教室门口的表扬栏时，她的心情很不错，因为里面有她孩子的名字，其他家长也在夸她家孩子，她心里自然很高兴也很欣慰了！

孩子表现的好坏总是牵动着她心情喜悲，好强的性格驱使她总希望孩子在各方面都表现得最好，孩子的表现就决定着她的心情。对她来说，孩子在班里的表现，就好比她的脸面一样，她有强烈的感受。她常说，如果以后孩子学习不好，她不知道自己活着还有什么意义，明知道这种心态也许不好，但虚荣心还是使她迫切期望孩子表现得好。好在孩子也没有让她的这份虚荣心落空，孩子在幼儿园的表现很出色，所以她也经常在别人面前骄傲，当然对于别人的“恭维”，她也能感觉到他们对孩子的肯定。

母亲的这种心态却使她在孩子面前失去了慈母的形象，但她没有意识到要改变这种状态。其实孩子和她一样，性格开朗，很活泼，而且有极强的表现欲望，在生人面前很少害羞，沟通能力也很强，在班里发言很积极主动，就是在公共场合，她都能和陌生人搞好关系，孩子会在她吃饭时给饭店的服务生跳舞唱歌，惹得大家特喜欢！对孩子这种表现，给她在不同的场合挣足了面子，她确实欢喜得很，孩子样样都能“拿得出手”，小小年纪就具有很强的攻关交际能力了。

然而，悲剧就发生在钢琴比赛的那一天。孩子学琴的时间不长，但参赛很积极，每次都要求第一个上台，而且别人在弹琴的时候，她还在下面练习上台如何报幕，完全不顾别的家长看她的眼神。比赛结果是孩子弹的曲子都不是很好，老师最后没有把奖品发给她的孩子，孩子那天确实也没有表演好，可孩子没有因此表现出不高兴的样子，可这位年轻的妈妈却感到很不舒服，觉得老师不公平，孩子也不争气，心情自然很糟。在回家的路上，孩子吵着要去麦当劳吃饭，她气极了，打了孩子一耳光——孩子的耳膜被她打穿了。

这位年轻的妈妈经不起挫折，心理素质太差，有着明显的虚荣心。其实作为父母应该正确面对孩子的不足，学会引导孩子在逆境中努力，在欣赏自己孩子的同时，也要认识孩子的缺点。

教育孩子时家长要知道："没有失败的孩子，只有失败的家长！"作为家长，她们只有正确引导孩子，教育孩子，才是明智之举。

一位父亲带十岁的孩子散步，在附近的集市上有一个牛肉面的小摊子。父亲和孩子都停下来围观。只见卖面的小贩将十几个碗一字排到桌子上，放酱油、盐、味精等，随后他加牛肉汤，最后把面放进砂锅里，一个砂锅放一把面，仅在刹那之间就放满了十几个砂锅，小贩又以迅雷不及掩耳的速度，把砂锅依次放到炭火上。做好十几碗面的前后，竟没有用到5分钟，而且还一边煮一边与顾客聊着天。

父亲和孩子看着小贩娴熟的技艺都有点呆了。

在他们从面摊离开的时候，孩子突然抬起头来说："爸爸，我猜如果你和卖面的比赛卖面，你一定输!"

对于孩子突如其来的谈话，父亲莞尔一笑，并且立即坦然承认，自己一定输给那个卖面的人。父亲说："不只是会输，而且会输得很惨，我在这世界是会输给很多人的。"

这个父亲的回答是恰当的，可能换成另一父亲会说：

"那不一定，我只要干个几年，我会跟他一样好。"父亲的本意可能是告诉孩子，什么事情都是可以通过练习得来的，但他忽视了孩子问话的本来意图：爸爸和卖面的谁更强？爸爸这样回答，给孩子的信息是：爸爸比卖面的差，但爸爸不会勇敢地去承认的。这样，在孩子的心里，也就会在今后模仿大人，不愿去承认别人的优点。不去承认别人的优点的人，也就不会去承认自己的错误——这些正是孩子爱面子的开始，这更是家庭教育失败的第一步。

但这一位父亲还说了一句："不只会输，而且会输得很惨。我在这世界是会输给很多人的。"父亲在孩子的面前是伟大的，父亲能说"我在这世界是会输给很多人的"，对于孩子来说是父亲告诉孩子：不如人很正常，承认也不足为耻。

可能有人会问，这样的教育会使孩子不会有上进心的。其实我们不要担心，因为我们的专业教育者整天都在激励孩子上进，孩子缺乏的正是对上进的正确认识。如果孩子上进心太强，而在现实生活中得不到实现，这样就会造成孩子的虚荣心，就会造成"死爱面子活受罪"的状况。

这对父子还在集市上散步，当然，父亲为刚才的事对孩子还在进行着强化教育。

他们在小吃店里看到伙计揉面粉做油条，看着油条在锅中胀大而充满神奇的美感，父亲就对孩子说："爸爸比不上炸油条的人。"

他们在包子馆，看见一个伙计包包子如同变魔术一样，动作轻快，手一捏就是一个包子，包子个个大小如一，晶莹剔透，这时，父亲又对孩子说："爸爸比不上包包子的人。"

所以，我们要教会孩子放眼这个世界，不要以自我为中心，否则，孩子就会以为自己了不起。教会孩子用平静、坦诚的心去观察自己，会发现自我是多么的渺小。在生活中，不要被那些浮华的东西冲昏头脑，在小事上为面子与人攀比，最后输掉的只会是自己的人生。所以要带领孩子正确剖析自己，敢于承认自己的不足，放下不值钱的面子，这才是对孩子有效的教育。

# 第五章
# 破解孩子的自负

## 自负的人经不起失败

自负在字面上的意思，可概括为简单明了的四个字：自恃、自许。显而易见，说一个人自负，总是带有一点贬义的味道。因为一个人自负，不会使自己生活学习得更好，通常恰恰是他走向失败的催化剂。中国人对所谓的“恃才傲物”还有几分欣赏，当然，这是建立在别人都承认你有资本的基础上的一种自负。但作为一个孩子，就不应当有自负的心理，孩子正是学习成长的时候，在各个方面都很稚嫩，根本没有什么“才”可依，否则便是妄自尊大。当然也有少年得志的，但少年得志的人如果自负，这往往就成为他人生中的一现昙花，以后很难有大的作为。

不仅孩子如此，就是一个小有成就的大人，如果有自负的心理，他的事业也会功亏一篑。因为自负的人常带有几分高傲，甚至是目空一切，他们在开始可能表现得气势辉宏，但因为自负，却始终难以成就自己的事业。

西楚霸王项羽，还没有打下江山，便大封诸侯，很有“普天之下，莫非王土；率土之滨，莫非王臣”的气概，这种自负的心态使他最终被刘邦击败，最后在乌江边上自刎而亡。拿破仑曾傲气十足地说：“我比阿尔卑斯山还要高。”他曾一度降服大半个欧洲，但他的自负使他发动了以掠夺和奴役别国为目的的侵略战争，最后滑铁卢战役的失败，使一个“比阿尔卑斯山还要高”的人死在了圣赫勒拿岛上。这些曾经的英雄，都因为自负而失去了曾经拥有的一切。

所以说，自负者绝少有好的结果。作为一个孩子来说，自负就会影响他的成长。可怕的是，孩子的自负反被很多家长认为是孩子的自信，他们意识不到孩子的这种缺陷，这样就会使自己在教育孩子的过程中迷雾重重。他们的教育不会有太大的效果，但他们还找不到原因在哪里，这是很多父母在不知不觉中遇到的难题。

孩子的自负是如何形成的呢？

一些孩子为了保护自己特别强烈的自尊心，常常会产生两种既相反又相通的自我保护心理。一种就是前面所说的自卑心理，孩子用自我隔绝的方式避免自己的自尊心受损；另一种就是自负心理，孩子通过自我放大来获得自卑不足的补偿。孩子的自负心理是过强的自尊心与过分的自信心的结果。

父母很难认识到家庭教育是孩子自负心理产生的第一根源。前文提到，孩子的自我评价，首先取决于周围的人对他们的看法，父母的教育则是他们自我评价的最有力的参考。父母本能宠爱的言语，为的是培养孩子自信，因此用夸赞、表扬来激励孩子，如果不讲究一个适当的方法，孩子就会觉得自己与他人相比“相当了不起”，自负的心理就会在父母的“教育”中慢慢形成。

现在，高质量的生活很容易使孩子养成自负的性格。因为现在独生子女多，他们都是父母的掌上明珠，父母在教育上也是肯花大力气的。很多孩子总会在某一个方面比其他孩子有优势，这使得他们在家被家人宠，在学校被老师爱。这样，他们很容易养成自傲和自负的个性。一旦孩子自负的个性初露端倪，这种个性就会快速地膨胀，因为自负的孩子总会缩小自己的短处，夸大自己的长处。自负的孩子缺乏自知之明，对自己的能力自己评价得很高，对他人的能力总是想方设法地贬低。当一个人只看到自己的优点，看不到自己的缺点时，往往会好大喜功，取得一点小成绩就认为自己了不起，成功时完全归于自己的能力，失败时则完全怪罪于他人。当然，这些都是一个自负的孩子内在的心理状态，很多父母难以辨别孩子是自信还是自负，其实这种判断并不难，孩子自负自有他的表现：

1. 自负的孩子把自己看得很聪明，认为自己是一个了不起的人，别人都很笨。总爱抬高自己贬低别人，把别人看得一无是处。

2. 自负的孩子做事都从自己的利益出发，从不会顾及别人的感受，对身边的人也没有热情可言，似乎人人都是他的服务者。这样的孩子很少关心他人，与他人关系也很疏远。

3. 自负的孩子很固执，有点唯我独尊的样子，总是将自己的观点强加于他人，就是知道别人是正确的，他也不会去改变自己的观点，接受他人的观点。

4. 自负的孩子有很强的嫉妒心，当别人取得好的成绩时，自负的孩子就极力去打击排斥别人，当别人失败时就会幸灾乐祸，他们用这种方式来维持自己的心理平衡。

对青少年来说，自负会影响他们的生活、学习和人际交往，严重的还会影响他们的心理健康。作为孩子的父母，在不使孩子自卑的同时，也不要使孩子养成自负的性格。最好的教育效果，是我们取自卑与自负的中间值——使孩子多一分自信。

比尔·盖茨曾说：“如果我们有了一点成功便觉得了不起，这是不可取的行为。然而如果我们为自己的成功自鸣得意时，有一个人来教训我们一番，那么，我们就可以称之幸运了。”因此，孩子因为自负而带来不幸的话，很大程度上是父母的责任。

自负是在精神与心灵上的一种盲目。自负者的致命弱点是不愿改变自己的态度或接受别人的观点。自负者不知道接受批评即是针对自己的弱点提出纠正的办法，是改变过去固执己见、唯我独尊的形象的良药。

自负者的心里是满满的优越感，在一颗习惯了被欣赏与被感激的心里，自负成了理所当然的一种心态。可当自负的心被现实颠覆了的时候，带来的就不仅是脸面上的尴尬，还有人生永远的痛。这就像有人说的那样：自负是人自己挖掘的一个陷阱，当我们得意忘形的时候，常常堕入其中。自负的人往往自欺欺人，吞掉了苦果还要装出甜蜜的样子，自负害人，它甚至能夺走人的生命。

沈武两年前是以全省第一的成绩考入这所全国重点中学的。进校后，学校领导、老师、特别是他的班主任，对他是重视有加。在沈武生活的小镇，他成了镇上人骄傲的资本；在学校里，沈武成为了全校闻名的人物，全校无人不知、无人不晓。

自负的表现也是多方面的，有的人因自负而不能和同伴友好地相处，常常有高高在上、盛气凌人的感觉；有的人会傲慢无礼，不尊敬长辈，瞧不起其他人在某些方面的缺陷；也有的人因自负而不爱与人说话，不爱回答别人的提问，甚至变得爱挖苦人、讽刺人。同样，面对老师的宠爱、同学的羡慕以及一些人的吹捧，沈武有了飘飘然的感觉。他想当然地认为自己是最棒的，从此，他变得极其自负高傲。老师的话他有时还能听进去一些，同学的话他从来就不听完，还总是借机嘲笑、贬低别的同学，对什么事都嗤之以鼻。由于他的过分自负，他没有一个朋友，当然，他是谁也瞧不上眼。自负往往会导致自满，使人丧失进取心，增长虚荣心，因此他每天想着头顶上第一的桂冠，自鸣得意。他经常因为觉得老师讲课讲得不好而不去上课，他也从不参加集体活动。他时常沉浸于武侠小说、言情小说的世界里。老师为他的滑坡而担忧，经常劝导他要戒骄戒躁，可是他总是把老师的话当作耳旁风，他自负地认为，自己这么聪明，对付考试是小菜一碟。就这样，虽然他从未在考试中掉队，但为人不容乐观。在三好生的人选中，同学们总是不会选他。自己得不到三好生，他就说别人只会读死书；自己评不上优秀称号，他就说别人只会溜须拍马、笼络人心。到了高三，学校二个保送上清华的名额自然没有他的份。他只有自己考上大学——这也是水到渠成的事，他自负地认为，自己是省第一，我不上名牌大学还有谁能上。

于是，他自负地向全班同学宣称，他要考上全国最著名大学。从此，他似乎是更加努力地学习了，无奈由于心态不正，他学习起来总是力不从心。

自负心理容易使人意志脆弱，经不起挫折和打击。在高三最后一次模拟考试公布成绩时，他的成绩突然掉了下来，这无疑是当头一棒。他看到成绩时，犹如霜打的茄子一般。第二天早上，人们在学校五层高的办公楼前发现了沈武的尸体，他的口袋里装着一份浸透了鲜血的遗书。他说："因为我知道自己再也骄傲不起来了，对我而言，没有了骄傲的资本就如同剥夺了自己的生命。"

我们在深深惋惜沈武年轻的生命的同时，更察觉了人性的深处的悲哀，也许沈武到最后也不知道是自负让他失去了生存的勇气，是自负剥夺了他的生存的欲望。

一般地说，自负者多具有某种先天优势，这使他们不能正确客观地评价自己，因而就得意忘形、目空一切。所以王尔德说："人们把自己想得太伟大时，正是以显示本身的渺小。"自负者习惯沉浸于虚无的胜利幻想中，他们常常因为一次的成功就自我满足，眼前显现的永远是早已逝去的鲜花与掌声。他们把别人给予他们的荣誉看作是理所当然的，他们不能静下心来想一想如今自己都做了些什么，都收获了什么。自负者总认为曾经的成功能长久，总认为别人一直会甘拜下风。所以，他们自视清高、目中无人，更有甚者非但自己不思进取，还伺机嘲讽别人的努力，这种扭曲的心理，最终会给自己导演出悲惨的人生。

## 你没有掌握教育的“度”

有个成语叫“矫枉过正”，用它来形容现在父母对孩子教育时所犯的过错再恰当不过了。对于孩子的教育，就像在使用一个天平，当它失去平衡的时候，我们就要向一边添加砝码。在现实中对孩子的教育，由于父母向一边添加的“砝码”过多，“天平”就会出现新的不平衡。比如，很多父母想让孩子不要有自卑的心理，就去大力赞扬鼓励孩子，而这期间不会对孩子有半点批评，长此以往就会使孩子养成自负的性格；当父母在矫正孩子的自负性格时，往往又会极力地去批评，这样常常又会使孩子养成自卑的心理。父母在这种教育的过程中，往往是花尽心思、费尽心力，但结果是效果没得到，却使孩子走向了另一个极端。当他们的孩子不如他们的意的时候，他们只会长叹一声：孩子被我“惯”坏了！

所有对孩子的教育都需要一手软一手硬，因为对孩子需要积极性和限制性两方面的结合。众所周知，对孩子过于严厉的管教，孩子的创造力、想象力就容易被扼杀，它还会破坏孩子的自尊和人格的形成；另一方面，放任孩子虽然能使人的个性充分发挥，但父母又有“没有规矩，难成方圆”的担心。然而很多做父母的总是处于两难选择之中，在对孩子“自信”的培养中，难以在奖励和管束之间把握平衡，这样很容易使孩子养成自负或自卑的性格。

常常有家长困惑地说：“我对儿子软硬兼施、恩威并用，奖励与批评常常同在，可怎么还是不灵呢?”有这种困惑的父母，他们的孩子可能是自卑的，也可能是自负的，孩子就是没有父母期望的那份自信。造成这种现象究竟父母错在哪里呢?

我们不难遇到这样的情况，当我们打洗脚水的时候，要想盆里的水有个适宜的温度，就要有用冷热水调兑好温度的能力。水太烫或太凉，我们加适量的冷水或热水来调和温度，这样洗脚才会舒服。如果一个人没有用冷热水调兑好温度的能力，他加热水会使水太烫，加冷水时又会使水太凉。对于孩子自信心的培养，很多父母教育孩子时就是这样，喜爱孩子的时候，把他当作“小皇帝”，含嘴里怕化了，放在手里怕摔了。明知孩子做的是一件微不足道的小事，他们也会大加赞赏。这样的父母放大了孩子的能力。而一旦孩子犯了错，自己在不高兴的时候，他们则是严厉批评甚至打骂孩子。这样，根本不会使孩子有一个“合适的温度”。

这样的教育方法，就是矫枉过正。一位妈妈正在教给她刚上学前班的儿子数数，她伸出3个手指头，对孩子说：“仔细数数，妈妈这只手究竟是伸出了几个手指?”那孩子缓缓地抬起头，涨红了脸，盯着妈妈的3个手指，数了半天，终于鼓起勇气说：“4个。”

面对这样的结果，引来妈妈大声的训斥："4个?我的天啊!这是3个！"然后接着可能就是一连串的羞辱之辞。难以想象这样得不到父母鼓励的孩子，怎么会拥有健康自信的心态。

许多父母在教育孩子时，一开始就没有一个准则，处罚起来也就没有原则性。有时候会因为孩子一时犯错或不小心酿成意外而重重地处罚孩子，这样就会削弱孩子的自信心。我们赞成适度地管束孩子，父母绝对不可以把自己的沮丧和不安发泄在孩子身上。家长在苦恼自己教育没有效果的时候，是否想想在批评孩子时，有没有因为自己心情不好而拧他的耳朵？有没有在别人面前用不尊重的方式羞辱孩子？如果有，这样孩子哪还会有自信可言？恰恰惩罚是由大人来定位的，对错也是从大人的角度进行评判的，是大人把自己的观点强加到孩子头上，它是不承认孩子自身权利的一种方式。惩罚很容易引起孩子的愤怒与怨恨，从而导致更大的冲突。

管教孩子不等于惩罚孩子，赏识孩子也不等于放任孩子。因此，我们赞同合理的管教，但不提倡无原则的赞扬。对孩子合理的自信的培养，并不只是一味地对孩子赞扬，孩子毕竟是孩子，会不断地出现各种各样的问题和错误。因此，在教育孩子时，还需要掌握赞扬的"度"。

所以，在培养孩子自信心的时候，我们要合理地管束孩子。什么叫管束，管束就是对孩子进行管理和束缚。合理的管束，就是把握教育孩子的"度"。对孩子无论是奖赏或惩罚，都应有同样的程序和原则，作为家长首先应该了解什么是"合理的管束"，然后才可能实施真正有效的管教，才能在奖励与惩罚之间寻找到一个平衡点：既不至于使孩子自卑，也不至于使孩子自负。

合理的管束，前提是事先设定好合理的界线，以制度和规定方式确定下来，这些规定应该在孩子违反之前就讲清楚，一定要让他清楚地知道父母的期待和理由。

当孩子的举动已经表现出来了，父母也看到这样的行为了，做父母的就要先加以辨识这种行为是否在奖赏和惩罚的范围内，是否应该受到奖赏和惩罚，这样就可以保证他们的尊严不会受到伤害。如果父母抱怨自己管束不了自己的孩子，那就说明在管束孩子的时候，他们没有很好地建立起自己的权威，无论孩子听没听你的要求，你都没有进行相应的奖励与惩罚，使孩子觉得父母的话听不听都是一个样。

因此，需要注意的一点就是，当对孩子进行管束的时候，父母一定要有权威性。让孩子知道你是严肃的，而且你提的要求将是伴随着惩罚和奖赏的。

如果孩子在家里接受并且听从规定，那么他们在离开家庭后，就能够融入到更广阔的外面世界中去；如果那些规定得到遵从，那么父母就能更科学地运作自己的教育方法，并且培养好孩子的自信心。

# 赞赏和批评恰到好处

恰到好处的赞赏和批评，能使孩子不自卑，也不会自负，在培养孩子时，孩子就会得到一个中间值——自信。

在美国的家长眼里，只要是孩子乐意做的事，不论结果如何，他们的评价永远是两句话：

太好了，除了错误的地方；

太好了，只少数了6个。

日本教育家铃木在教学过程中，对曲子拉得十分糟糕的孩子也说："拉得不错呀!要是克服了缺点……"对孩子们来说，如果父母对自己表现不好的地方只是进行失望的指责，而对表现好的地方连一声"还不错嘛!"都不肯说，将会使他们产生很强的挫折感，从而使孩子丧失积极性，往往会把孩子推向自卑的深渊。

许多父母也许有一些疑惑，为什么"太好了"的评价对美国的孩子有着如此神奇的魅力呢？原因就在于不管孩子表面上多么骄傲，他们的内心都是脆弱的，弱小的生命常常会担心自己不行。一句“太好了”，就给孩子吃下个定心丸，情感的闸门一下子全部打开了，也就是说，要给予孩子更多的鼓励。在孩子幼儿学语时，不管孩子嘴里说些什么，没有父母会指责说：“没见过你这么笨的孩子!”等等。恰恰相反，当孩子叫出第一声“爸妈”的时候，不管发音多么模糊和不标准，父母都会高兴地把孩子亲了又亲。正是因为父母由衷的鼓励，才使孩子日后能有流畅的语言交流，如果不停地指责和打击，相信孩子甚至会丧失语言沟通的能力。

当然，永无止境的鼓励，虽然孩子不会因此而自卑，但也不会因此而自信，常常会使孩子养成自负的性格。所以，在鼓励赞赏孩子的时候，对于孩子的过错，也要加以适当的批评。

我们知道，批评只有被孩子从内心接受才能生效。这就意味着，批评虽然有道理，但不等于被对方接受。其实，人的心理都一样，那就是被自己上司或周围人尊重的心理都很强烈，没有比受人轻视更不愉快的事情了。孩子也一样，他希望被父母和周围的人尊重。心理学研究表明，接受批评最主要的心理障碍，是担心批评会伤害自己的面子，损害自己的利益。为此，在批评孩子前要帮助孩子打消这个顾虑，才能让他把批评听下去。要想孩子面对批评不会养成自卑的心理，除了不要有频繁的批评外，父母还要明白，批评是针对孩子的这一次行为的失误，而非批评他的能力。在与孩子讨论问题之前之后，不要忘了赞美，而且要试着以友善的口吻结束论题。用这种方式来处理问题，不会使孩子觉得遭到太过无情的责难而渐生自卑的心态。打消父母这种顾虑的比较好的方法，就是先表扬、后批评，即在肯定孩子的成绩的基础上，再对孩子的缺点进行适当的批评。

父母对孩子说："你最近表现不错，老师说你的学习很努力，作业也能按时完成，要是你能把作业的出错率降低一些，就更完美了。"像这种勉励多于责备的话，不仅不会给孩子带来副作用，而且孩子通常都很乐于接受这样的责勉。

孩子做错事后，有的父母会随意地冲孩子发脾气，最后再用一句赞美话来结束。尽管有人说这也是教育孩子的技巧，但是我们可以设想一下，一个正遭严厉批评的人，你最后给他的赞美，他听进去的可能性又有多大？很明显，这最后的赞美是多余的。这种批评没有"建设性"，只有"破坏性"。批评的目的是指出错在哪里，而不是对孩子进行人身攻击。批评不能伤害孩子的自我形象，对孩子批评必须讲究艺术，必须谨慎地运用语言，不适宜的责备语言会有严重的副作用。

说到这里，都是在告诫父母：不管孩子做错了什么，你都必须先表扬优点，后提醒他的缺点。如此不仅不会伤害到孩子，也能使批评与表扬更容易给孩子树立自信。表扬和批评都不要太过了，否则就会使孩子自卑或自负。但我们对孩子表扬和批评的目的还要求得到一个短期的效果。表扬的效果多数父母都能得到，很难得到就是批评的效果。

小超国是个顽皮的孩子，不愿意做功课，还喜欢熬夜看电视。大多数孩子有的坏习惯，他或多或少的都能沾上一点。这让小超国妈妈很是烦心。小超国泡在电视机前时，妈妈总是会大声斥责小超国："浑蛋，功课不做，快把电视给我关掉!"

小超国似乎对妈妈的责骂有了免疫力，这天，小超国又在电视前看他喜爱的动画片，妈妈看见了，习惯性地骂道："浑蛋，功课不做，只知道看电视，快把电视给我关掉。"

没想到小超国却无动于衷，直到妈妈来把电视关了，小超国才毫不在意地回到房间。为什么妈妈的批评没有效果呢?

对孩子批评的目的就是要改变孩子的想法、态度和行动。如果孩子不服或者完全把话当成耳旁风的话，那批评就毫无意义了。当孩子犯错时，孩子所希望的不是家长严厉的斥责，而是冷静说服的态度。批评孩子时，家长应避免每次都用同样的语言，更不要大声责骂，因为孩子长时间面对同样的刺激会产生"免疫力"，对父母高声的训斥在孩子心理上则会报以更加反感的态度。你对孩子批评的刺激一旦使他反感了，批评就会完全失去效果。因此，我们管教孩子时，应避免每次都用同样的语言去责备，要不断地改变说法，在这方面要下点功夫。比如，把"早点去睡觉"改为"现在都11点了，你明天早上准备几点起床?"或"妹妹已经睡了，你还不去睡？"等，效果就会大不相同。

批评责备孩子的另一个语言技巧是语气平和。试想，一边是孩子在生气时的哭闹，一边是用尖厉声音训斥的母亲，这种情景很显然是一个吵架的场景，而不是父母在教育子女。

心理学证明：温和的问答可消除愤怒。说话人的声调越高，答话人的声调就越高，否则，就相反。类似的，温和地对孩子进行批评，更能提高孩子对自己错误的理解程度。父母面对大声哭闹的孩子，若母亲歇斯底里地高声去责备孩子，母子间的这种争执会越来越严重，一直持续到有一方精疲力竭为止，对孩子的批评就会适得其反，这样的情形在生活中也屡见不鲜。换句话说，压低声音来批评孩子的错误，不仅给对方以理智的感觉，事实上也能使自己变得理智。这样，父母的批评才能不受自己感情的支配，才能冷静地观察孩子，引导孩子回到理性的世界。

所以，声音的大小、高低的问题看似简单，但都关系到说服教育的成败，平和的语气、低沉的声音有助于对方倾听，有利于控制孩子的情绪，从而有利于真正管教了孩子。哪种更为有效，父母就应该采用哪种，柔和还是严厉，批评有无效果的奥秘也在于此。

总之，在培养孩子自信的时候，讲究赞赏和批评的恰到好处，这样才能培养出孩子健康的心理——不自卑，不自负，唯有自信。

## 你教育孩子的理由不足

一个自负的孩子，他为人做事都是以自我为中心的。教育这样的孩子，最大的难题就是使他认识和克服自己的缺点。因为，当他有了缺点的时候，他不会在自己身上找原因，而千方百计地从自身以外的地方找原因，并把自己的缺点和错误转嫁到客观因素上，认为自己还是完美无缺的。孩子执迷不悟，大人也束手无策。

在这种情况下，父母就会觉得自己的孩子很顽固，这种顽固随之恶化，父母就会发现孩子的很多问题：

1. 有错不改，固执己见；

2. 学习上心浮气躁；

3. 生活中总是目空一切；

……

面对孩子这些缺点，家长常常是有两种所谓解决的办法：

一是想通过批评来打压孩子心中那种高估自己的心态。这是用与孩子直接对抗的方式来教育孩子，说的不好听一点，是“以邪治邪”。父母不知道，批评不是最好的教育方式，再者，对于自负的孩子，批评的教育效果也不会很大，有时还会伤害到父母与子女的感情。因为自负的孩子本来就很难接受他人的观点，更何况是在你批评他的紧张氛围中，他就更不会理睬你的说教。

还有一个办法，就是家长想通过一次大的打击使孩子认识到自己的不足，从而使孩子客观地评价自我。这种方式很大程度上是父母叫孩子自己教育自己。在孩子受到打击时，父母最多只能起到一个烘云托月的作用，但自负的孩子的心理素质是非常“好”的，一般的小错误很难给他带来触动，因为孩子总会为自己的错去找客观的理由。如果有一个大的打击能触动到孩子，这对于父母和孩子来说，要么父母和孩子要付出大的代价才会得到效果，要么父母找到能触动孩子内心的东西也会得到预期的效果。在这里，前者从某种程度上说，是对父母和孩子的一种伤害，后者则是矫正孩子这些坏习惯时，看起来是一个比较不错的办法。

但是，很少有父母去挖掘孩子内心最深层的东西，他们在教育这样的孩子的时候，就是选取最简单的两种办法：

1. 用批评攻击孩子，想在气势上压倒孩子；

2. 期待“打击”击醒孩子。

仔细看这两种办法，前一种方式可以看出父母对于子女教育的急切，主观性很强。这样的父母想通过自己来纠正孩子因自负所带来的缺陷，但遗憾的是方法不对头；后一种教育方式有些“靠天收”的意思。这是对孩子错误的一种妥协，或者说是对自己缺乏教育方法和效果的一种无奈。

孩子在这种教育环境下，很难改变自己原有的状况，因为他很难知道自己错在哪里。自负的孩子会这样想：

本来对自己是“小菜一碟”的一件小事，做砸了只是自己的“粗心”而已，自己是会做的，可父母还要批评他；

张三就是不如我，好几次考试都没有我好，可老师为何选他做班长，太瞧不起我了！

……

孩子想问题的时候总是停留在事情的表面，他不会去考虑事情中更深层的东西。在孩子看来，父母的批评就像用一把20斤重的大锤去砸一个核桃，这根本毫无必要。而自己又有很足够的理由来为自己的不足开脱，可父母对自己不满的地方，他们却拿不出令自己信服的理由使自己改变。自负的孩子往往是有主见的，而这种主见在某种意义上强化了他的顽固，这就使得父母在纠正孩子缺点的时候难上加难。

前面说过，我们找到孩子内心深处最能触动他的地方来打击孩子，似乎也有父母去这样做，但效果也不会太明显。因为教育孩子不能仅仅靠打击来得到预期的效果，它需要有多种教育手段相结合。孩子受到打击只是给父母纠正他错误的一个心理基础，真正改变孩子的，还是父母在理解孩子的同时，给孩子讲更多的道理。也就是说，你给了孩子一个改变自己的理由，孩子接受了，你的教育就会达到目的。

所以，面对孩子的自负所带来的缺点，我们要会发现孩子的内心，理解孩子的看法。当我们面对有些固执、甚至有些妄自尊大的孩子时，父母不要把孩子的心理和观点抛到脑后。如果只是给予孩子一股脑的批评，或者在口头上与孩子进行“口水战”。这种方式根本不是在教育孩子，而是在攻击孩子，或者是在和孩子抬杠。攻击和抬杠压根就不会有教育的效果可言。

# 学会与孩子交流

虽然不同的孩子，他们的心理、生理、性格等方面都有所不同；他们的生活环境、所受的文化教育、接受能力等方面也有所差异。但只要你对孩子做到“说”而“服”之，就会达到教育的效果。

在大人的眼里，孩子总是带有几分幼稚，当然这也是孩子最正常的表现。孩子的幼稚，恰恰正是我们教育他的一个突破口，我们正可以利用这点，来纠正孩子的错误，这不是一件坏事。试想，一个成熟的人你叫他改变原有的观点肯定要难得多，因为无论自己是对还是错，人心理越成熟，他的思想就会越稳定，教育起来就越难。因此，孩子幼稚不能算是一个缺点，那叫孩子的天真。正是孩子有了这份天真或者说是幼稚，才会有孩子与大人之间的差别。

我们知道，自负的孩子很难接受他人的观点而改变自己的观点，这可能是父母在教育孩子时最大的难题。但如果你换个角度想，一旦你的观点植入了这些孩子的心中，被孩子所接受了，他就不会轻易地改变了，这对于父母的教育来说也是一个有利的方面。

因此，破解孩子的自负心理，就是走入孩子的心中、了解孩子对一些事情的看法、给孩子能接受的足够理由、用孩子能接受的方法来纠正自负孩子的恶习。一个自负的孩子，家长很难说服他时，就要懂得走入孩子的内心，看孩子内心的想法，即使是孩子天真的想法，我们也要设法了解它，这样才会做到对症下药。父母要想教育好自己的孩子，就要学会与孩子交流，通过与孩子交流，把握住孩子的内心在想什么，这样，在教育孩子的时候你就能收放自如。

了解孩子的心理，就要学会与孩子沟通。

与孩子沟通交流是教育孩子最好的渠道，当然这种沟通是建立在平等的基础上的。通过与孩子交流，父母能够真正理解孩子那种自负心理，这也是说服孩子的基础；通过与父母交流，孩子也能够从父母的口中明白一些道理，这对消除孩子的自负心理起到一个潜移默化的作用。在交流中，孩子会告诉父母他们的一些感受，这些感受可能正是孩子难以被说服的原因。父母了解这些原因，也就等于找到了孩子的“症结”；父母可以在与孩子交流的过程中，在给予孩子鼓励和赞扬的言辞的同时，指出和分析孩子的不足，这时孩子对自己的优缺点就会有一个理性的认识。

孩子之所以难以说服，很多时候是因为家长与孩子有“沟通”而没有“平等”。

父母在与孩子交流过程中，父母往往不自觉地便处于了“领导”地位。这种交流方式，表明父母根本不关心孩子的感受。他们对孩子产生这样一种暗示：在父母和孩子之间，父母总是强大的，父母的需求是更重要的，父母是要自己服从的。孩子在与父母的交流中有了这样的心理，就会抑制孩子的情感表达，使孩子对父母想说的话根本不感兴趣，孩子很多真实的感受就会不再说出，家长得到的信息也会失真。试想，一个掌握错误信息的家长，他对孩子教育会有效果吗?

在与孩子交流中，父母对孩子常犯的另一个错误就是对孩子“教训”，这种与孩子的沟通常会变成父母对孩子的训斥。比如：“我告诉你什么来着?我早就知道这事儿迟早会发生”、“如果你早听我的……”、“你怎么这么笨”。在父母的批评、训斥、贬低、责备声中成长的孩子，往往不愿与父母讨论问题，因为他们知道，不管他们怎样努力，都不会得到父母的夸奖。这时父母最爱用的词是“你应该怎样怎样”，“你不应该怎样怎样”。当父母采用这种方式与孩子交谈时，往往会发现孩子的眼神开始是惊异的，然后是疑惑的，再之后则是冷漠的。这个时候孩子已经决定关闭自己的心扉，不再讲出自己的真实想法了。

要想说服孩子，就要与孩子沟通，而在与孩子交流的过程中，父母是在与孩子进行信息的交换，在这种信息交换的过程中，父母通过发表自己的看法来矫正孩子这样、那样的过错。这时父母要更多地站在心理交流的立场上，这样就会使孩子感到父母在认真倾听他们的感想，他们会感受到父母是关心、理解他们的，因而他们也就愿意与父母进行交流。

程非是个学习成绩特别优异的高二学生，可自从获得了奥林匹克数学竞赛二等奖后，就显得非常的骄傲轻狂，在同学面前的言行总是有不可一世的架势，与同学相处也是处处咄咄逼人。程非的父亲得知这种情况以后，并没有把她这种表现摆到台面上来教训程非，而是在一个周末当程非心情不错的时候，他把程非唤到自己的面前，笑着要孩子谈谈获奖后的感受。

从孩子的语言中，父亲不难看出她依旧沉浸在获奖的喜悦中，而且这最大的原因来自于全市只有她一个人获了奖，孩子就因此沾沾自喜了。父亲没有指责孩子的这份自负，当孩子表示要争取更大进步的时候，父亲就激励她说："人总是要往上走的，在这过程中，前进的最大障碍是他自己。"

这时孩子却笑着问："为什么？可我认为我在学习上进步最大的障碍是题目的难易程度。"孩子的话带着几分调侃，可以看出，他们的交流很是投机。

"你知道你崇拜的偶像富兰克林的一个故事吗？"父亲接着说，"富兰克林年轻时因自负而显得轻狂，这种自负可能会毁掉充满才智的富兰克林。有一天，富兰克林父亲的一位好友对他说：'富兰克林，你想想看，你那不肯尊重他人意见、事事都自以为是的行为，结果将使你怎样呢？人家受了你几次这种难堪后，谁也不愿意再听你那一味矜夸骄傲的言论了。你所交往的人将一一远避于你，他们免得去受那一肚子冤枉气，这样你从此将不能再从别人那里获得半点学识。何况你现在所知道的事情，还是有限得很，其实你身边的人很多都比你有水平，你的轻狂自大只能让他们知道你很无知。'富兰克林听了这话大受感动，深知自己过去的错误，从此处事待人处处改用谦虚的态度，言行也变的谦恭和顺。不久，他便从一个自负者渐渐地转变成为到处受人欢迎和爱戴的成功人士了。他一生的事业也得益于这次转变。如果富兰克林当时没有克服自己的自负，仍旧事事妄自尊大，说起话来不知天高地厚，不把他人放在眼里，那结果是至少美国将会少了一位伟大的领袖。”

孩子听后似乎有所领悟，父亲的教育目的已经达到了，接下来父亲和孩子扯了一些无关紧要的话题。所以说，教育就像浇灌花木，排山倒海的水柱只会损害花木，真正能起到作用的还是要如丝的水线慢慢地浇灌，教育孩子更是如此。

## 孩子瞧不起亲戚

孩子瞧不起其他的孩子，这使得他们的父母苦恼万分——因为孩子的表现常常使父母在其他孩子的父母面前下不来台，他们常常遇到类似这样的情况：

杜磊是个初三年级的孩子，他家庭条件优越，学习成绩也很好。他还是一个手比较灵巧的人，他还会组装自己喜爱的玩具。但这个孩子在家里不是太听话，个性很强，像个小霸王。平时在家很少听从父母的话，在同学面前凡事要听从他的指挥。

有一次，杜磊的姨妈带他的表弟来杜磊家做客，比他小一岁的表弟见到表哥的遥控汽车就爱不释手，但表弟还没把汽车拿到手，杜磊就一下子把表弟推倒在地，而且脸上露出很反感的样子。

看到这一幕，姨妈和杜磊的父母都很尴尬，孩子间的不友好，使大人之间的关系蒙上了一层阴影。

其实，这不是杜磊偶尔的一次冲动，因为杜磊对于很多来到家里来玩的孩子，他都是表现得不太友好。他不会和来到家里的孩子一起玩耍、游戏，甚至他的房间不给人进，玩具也不会给来访的孩子玩。在杜磊看来，到家来的很多孩子家是穷的、人是笨的，而自己成绩、家境都是这样好，自己根本就不值得和他们交往。

由于孩子的这份高傲，杜磊的父母因此得罪了不少来家做客的朋友，孩子的好朋友也几乎没有几个。

面对这样的局面，或许有的父母仅仅会觉得只是自己难堪或影响与客人的关系而已，这不会影响到孩子的成长。有的父母还会为自己孩子的这种举动而高兴：看！我的孩子多与众不同——他清高得很呢！

但他们不知道，一个目中无人的孩子，他与伙伴之间在心理上就存在着一道交往的障碍。这种障碍使自负的孩子大多数时间都是生活在自己的狭小的空间里，这对一个正在成长的青少年来讲是十分不利的。面对其他的孩子，孩子的这份“高傲”，肯定有孩子所“高傲”之处，而且这其中大多是某个方面可能优秀的孩子。然而正是他们的“高傲”，使得这些孩子把自己深锁在“高傲”的心理王国里，使他们自己变得狭隘、自私，而他们自己却全然不知。

想想，在这样一个心理环境中成长的孩子，他的处境又是多么的危险。不可否认，很多优越家庭孩子的不孝、自私、势利和缺少同情心就是这样造成的，而且这种劣根在他们长大后肯定会用在年迈的亲人身上。

父母意识不到孩子瞧不起其他的孩子的严重后果，在孩子出现这些现象的时候，根本不会想办法去纠正孩子的这种心态。只是在他们感到自己下不来台的时候，只当着客人的面训斥几句话，目的也只是为给客人面子和缓解自己尴尬的局面。

孩子心里是很清楚这一切的，他们明白父母不是真正地在批评自己，因为自己的行为只是“不愿意和这个孩子玩”，这不是自己犯了多大的错，玩与不玩是自己的自由。因此，父母这个时候的批评教育不会对孩子有任何效果。

还有一种现象，就是自负的孩子很是反感“穷亲戚”的孩子。当然，这里的“穷亲戚”只是比自己家差一点而已。孩子出现骄傲自大的坏习惯，往往是过高地估计了自己的家庭，认为自己家比谁的家都富裕，只看到自己家的“富裕”，看不到亲戚间的亲情。当“穷亲戚”的孩子来到家里的时候，孩子用冷落来表现反感。就是最亲的亲戚，孩子也会很冷漠地对待。这时的父母可能会觉得孩子有点问题，但他们只会以为两孩子性格不合。当然，父母很想孩子间能融洽地相处，于是就会这样去开导孩子：

“是你的表弟嘛，干嘛对他这样？”

“你看舅舅对你多好，你对表哥也要好，和他好好玩。”

……

这些开导是不会改变孩子态度的，因为在孩子看来，亲戚对自己好，是他们的家境不如自己家，可能是这些亲戚常常有求于自己的父母。还有，自己的优势很大一部分是自己家境的优越。亲戚的到来，会在某种程度上削弱自己的这种家庭优越的“优势”，他们来得越多，自己的优势就会被削弱得越快。孩子无法阻止这种局面，他只能在自己的空间里去抵制——冷落亲戚的孩子。

孩子瞧不起其他的孩子的根本原因在这里，家长很难发现。其中最明显的举动是，当父母赠与亲戚财物的时候，孩子会很不高兴，有时会当着亲戚的面反对，这叫父母很是下不来台。但这在有些父母看来，也只是孩子稚气的表现，或者孩子在“维护家的利益”。

自身没有太多优点而家庭条件优越的孩子，最容易滋长自傲的心理。父母的言行对孩子的影响是最大的，如果父母不能成为孩子高尚人格的榜样；在待人接物方面不能做到谦虚友善；在自己富裕的家庭生活中，在孩子面前总表现出骄傲情绪，孩子也会受到影响，就会变得骄纵自负。这样，不仅仅只会瞧不起亲戚，他会瞧不起所有的人。

## 让孩子看到他人的长处

孩子瞧不起亲戚，他也会瞧不起很多人。孩子瞧不起人，自然有他瞧不起的理由，当然这种“理由”就是在孩子的内心中自己有优势可以自恃。这种优势的自恃，有的是来自孩子本身的优秀，有的是来自家庭的富裕。

人都有优势和劣势，一个正常的孩子，在对待自己优势和劣势的时候，他会有一个平衡的心态，这就是不卑不“狂”。当这种优势和劣势在一个人心中失衡的时候，那么他就会表现出狂傲或自卑。所以在纠正孩子孤傲的心态时，我们要想办法来削弱孩子心中的那份“优势”，使他在心里没有自恃的筹码。

削弱孩子那份“优势”来平衡孩子心态，有两种方式：一是用孩子的“劣势”来“中和”孩子心理上的优势。但这种效果不是很好，这就像一个利器的一头很是锋利，为了减少它的危险性，我们把它的另一头尽可能弄的钝一点。可在利器锋利的一头伤人时，利器的钝的一头不会减弱锋利那头强大的攻击性。因此，在不能除去利器锋利的情况下，要想削弱其攻击性，只有提高利器所攻击的对象的防御能力。所以，平衡孩子心态的另一种方式就是使他认识到他人的优势。也就是说，在孩子的心理上缩短他认为其他人与他的差距，还要他认识到他所轻视的人的优势。这样，才能彻底解决孩子因自负而瞧不起人的心态。

刘定自小学习成绩就很好，在家时生活自理能力也强。孩子人长得也帅气，他不仅有一张人见人爱的娃娃脸，而且能画一手好画，小提琴也拉得不错。他素质的发展比较全面，不仅使孩子倍受家长和老师的宠爱，而且还很受女孩子的崇拜。

刘定从小学到现在的高中，一直享受着这样的待遇：他在学校是个受同学欢迎的人，学校校长看着喜欢，班主任老师更是视他为班宝；刘定回到家里，爸妈更是把他捧为掌上明珠，对他宠爱有加。

对于班级来说，班主任十分高兴能有这样一个能干的学生，所以也一直都很重用刘定，班里的事都让他管，可渐渐地刘定却养成了自负心理。刘定越来越自命不凡,和同学之间的矛盾也越来越大了。在和同学的交往中，父母常常会听他说这个同学“是笨蛋”，那个叔叔的儿子“能力差”。面对同龄人的进步和成绩，他不是摇头就是撇嘴，这种举动的意思十分明显：没人能比他更好了！也许正是刘定的这种心态，他引起了很多同学的不满，在刚进高三时的一次全市三好学生竞选时，他落选了。当时，刘定很难接受这个事实，回到家后大发脾气，把以前所获得的一些奖品、奖状都扔到了垃圾箱里，他用这种方式表示对落选的不满。

可怕的是，在这关键的时刻，刘定的成绩也下降了。原因是刘定想用“轻松”的学习方式向同学展示自己的“优异”和“与众不同”，但没想到自己的“轻松”却成了在学习中的“放松”。

骄傲自负和看不起别人，是许多优秀孩子的通病。在刘定的身上典型地表现出了这种高傲的心理。他平日里总是唯我独尊，身边的同龄人没一个他能看得起。他在瞧不起别人的同时，往往也看不到自己的缺点，更看不到别人的优点。在班级里也正是这种原因，以致于大家才不愿选他当三好学生。

教育这种孩子，最好是引导他们认识到他身边人的优点，使他自己感到有改正自大的必要。刘定父母的做法是：不是对刘定的缺点进行逆阻，而是创造一定的条件和机会，使他看到其他孩子的优点，从而促使刘定反省自己：自己的优势有多大？当他意识到自己所谓的优势是因为自己的一种自大时，他就会产生羞愧难当的感觉，进而痛改前非。在他认识到自己错误以后，父母再启发他明白“寸有所长，尺有所短”的道理。

不久，他的语文老师布置了一篇作文，题目叫《父亲的爱》，他写了以后并没有得到老师好的评价，而班中有一位平时较为调皮的同学的文章，老师倒把它当作了范文，还读给全班人听。这让刘定很不高兴，回到家里仍然像往常一样发着脾气。

他的父亲知道情况后，想借这个机会教育一下自己的孩子，当他看到自己的儿子在生气的时候，故意说：“老师可能不是很公平，明天你把两篇文章都带回家，我来给你们评评谁的好。”

第二天，当父亲看完两篇文章后，郑重地对刘定说：“我看你们的老师很公平，这位同学写的就是比你的好。”父亲看出刘定的不服气，于是父亲拉着他的手告诉他：“做人不可以太过骄傲，每个人都有自己的长处和缺点。今天这位同学的文章写得比你好并不希奇，因为每个人都有自己的优点。”接着，父亲又帮他分析了三好学生落选的原因，告诉他：三好学生的落选并不是因为他水平不够，而是他太过自负。如果同学选他，他就会把当三好学生看成是一种炫耀，这无形中是对其他同学的一种贬低，所以同学们才不会选他。

刘定听后，只轻轻地说：“我知道了……”。果然，在那以后刘定就变了，变得乐于与同龄人交流了，变得能虚心地听人建议了，更变得乐于助人了。是父亲使刘定在生活中实实在在地看到别人的优点，这也使孩子看到了自己的缺点，这种教育方式令孩子心服口服。

因此，当孩子能看到他人优点的时候，这就淡化了自己心理上的优势。换句话说，面前的人在自己的心中有了“优势”，谁还会再瞧不起呢？这种“平衡孩子的心态”的办法，会从根本上解决孩子的自大心理。

# 第六章
# 让孩子摆脱抑郁

# 让孩子摆脱抑郁

抑郁是以情感低落、哭泣、悲伤、失望、活动能力减退，以及思维、认知功能迟缓等为主要特征的一类情感障碍。抑郁是多种不良情感的一种综合，它是痛苦、愤怒、焦虑、悲哀、自责、羞愧、冷漠等等情绪复合的结果。由于各人的心理素质不同，抑郁有时间长短、程度强弱之分。抑郁被称为“心灵的流感”，它是现代社会一种普遍的“坏”情绪。但这种情绪很少有人重视它，可很多人又都沉浸在抑郁的阴影中无力自拔，有的人因为抑郁而把自己的生命直接推向终点。

人在不同的状况下，总是拥有不同的心态，这种不同的心态，会引导人走不同的人生道路。同样的，不同的生活经历，面临不同的教育方式，身处不同的生长环境，使很多孩子会或多或少地陷入抑郁的困境。抑郁是人情绪上的疾病，人们往往会因为认识上的不足，而忽视它在情绪上的存在。因此，不仅在教育孩子的时候家长需要了解抑郁，就是在自己平日的生活里，当有更多的不良情绪出现时，也需要我们及时做出诊断。

对于有抑郁心态的孩子来说，外人很难穿透他心理的壁垒，他总是把自己深锁在自己戴起的枷锁中，他一个人感受着没有任何现实的孤独、自责和种种不快。

由于抑郁是很多情感综合的结果，这使抑郁有较大的隐蔽性，很多家长往往看不出这一点。还有中国的家长在教育孩子的时候，更多的是把重点放在孩子的文化学习上，他们对孩子的心理健康是不会在意的。在很多父母的心中，孩子的心理的不正常只能是精神病，中国的父母由于心理问题带孩子看医生可能只有一种情况，那就是孩子患了精神病，并且已经到了语言和行为失常的地步了，这种现象在中国农村尤为常见。父母不清楚，孩子有时在心理上也会“伤风感冒”，一不小心，这种“伤风感冒”也会给人生命带来致命的打击。因此父母在关心孩子身体和学习的同时，孩子心理的健康也是要关注的，在孩子心理健康当中，抑郁更是家长要为孩子提防的。

孩子有时是单纯的，很多事情都是通过父母来判断而认知的，抑郁对孩子的危害是很大的，这就使得父母在对孩子抑郁的关注任重而道远。很多父母不知道抑郁会给孩子带来很大的危害，当孩子患有抑郁症的时候，他在情绪上就会焦虑和激越，身体的各项功能就会随之下降；在精神上就会出现运动性阻滞，以致人的思维消极；它还是人自杀的动因，人们称抑郁症为“人类第一号心理杀手”，就是因为没有任何一种心理疾病或精神病有它这样高的自杀率。

因此，作为孩子的家长，在明晰抑郁的症状的同时，只有对症下药，才能教育好孩子。当你的孩子有以下症状时，就是孩子抑郁的表现了。

1. 与父母矛盾不断。

孩子先前是很听父母的话，渐渐地就不会跟父母沟通交流，更有甚者处处与父母闹对立，从而使孩子与父母之间矛盾重重。一般表现为生活很懒散，乱扔衣物，做事效率低，不完成作业等；有的还表现为夜不归宿和离家出走。

2. 有病无因。

孩子在开始时只说身体上有某些不适，如有的孩子说他头痛头昏；有的说自己呼吸困难；有的说嗓子里好像有东西。他们的“病”似乎很重，呈慢性化或反复发作，但医学检查又没发现什么问题。

3. 无端生出不良的情绪。

孩子可能在生活中与人发生过一些矛盾，这些矛盾在常人看来根本就是无关紧要的，或者就是毫无原因，孩子便深感环境的压力大，经常心烦意乱、郁郁寡欢，不能安心学习，会用各种理由和借口迫切要求父母为其换环境。可到了一个新的地方，他还是认为环境不尽如人意，反复要求改变。当孩子达到既定目标时并无喜悦之情，反而感到忧伤和痛苦，他们在别人看来是喜悦的事时却愁眉苦脸。有的在学习期间经常无故往家跑，想休学或退学。这样的孩子严重的一进学校门口就感觉肢体无力等，当回到家中，他一切又都正常。

因此，孩子抑郁的综合表现：情绪低落、无精打采，就是对一些原来喜爱的事也没了兴趣，他们干什么都高兴不起来，总觉得自己什么都不好，体验不出生活的快乐；他们不愿社交，故意回避熟人；他们对自己和未来缺乏信心，一点点的缺点或过失也会给他们带来不尽的后悔；他们还会与失眠、食欲不振、疲劳、头痛常伴。他们精神倦怠、表情冷漠，生活弥漫着灰暗；有的人还自暴自弃，甚至出现自残、自杀行为。

这些是抑郁常见的现象，当然，孩子是否有抑郁症，也是通过这些现象综合来考察的。当你的孩子出现这些症状的时候，不要等闲视之，也不要去埋怨孩子，你要做的只是用你的心去矫正孩子的心灵。

当孩子遇到不开心的事时，孩子的情绪就会低落，如果长时间的情绪低落，孩子就会总处于一种抑郁不安的状态，这种抑郁不安的状态有可能会导致心理上的疾病——抑郁症。早在两千多年前，就有人在著作中提及抑郁症患者，可以说，抑郁症自古以来就困扰着、甚至是残害着人们的身心。但遗憾的是，很多家长却忽视了这一可怕的“心理杀手”，以至于自己的孩子不能健康地成长，甚至是有的孩子因抑郁得不到父母及时的关注和治疗，最终走上了绝路。

孩子有了严重的抑郁症后，就会整天都感到心烦意乱，注意力分散，精力不集中，干什么事情都缺乏兴趣。这样的孩子往往是性格内向、文静、不爱交际的人。抑郁的孩子会有不愿意出头露面、孤僻、倔强的特征，这些对孩子的成长来说是极为不利的。

据不完全统计，在每年满怀希望地准备着高考的学子中，有2%的学生是高考把他们推向抑郁症。开始可能是由于考前复习时用脑过度，常有头痛、失眠、恶心、食欲不振的感觉；在参加高考时，又会因心情紧张而出现心慌、脸色苍白、记忆力下降等症状；落榜后或考试不如意时，孩子感到失落、烦闷。孩子会深深地感到自卑、失望和心情极不痛快。久而久之，孩子开始有了失眠、健忘、思维能力下降、多梦、腰酸等症状——这就是抑郁的倾向，它已经严重地影响到了青少年的学习和生活。孩子的情绪低沉，自我评价过低；同其他人的接触减少、成绩下降；有睡眠障碍、躯体不适等症状，这些都是抑郁所带来的恶果。

杜静原是一个高三的女孩，那年她17岁，是一个正值花季、漂亮女孩。她出身一个农民家庭，父母都没有什么文化。贫困的家庭再加上杜静从小就聪明伶俐，家里对她的期望很大。她也很懂事，从小就勤奋好学，她想通过自己的努力改变家里贫穷的状况，使自己的家人生活得好一些。因此，从入学的第一天起，她就埋头苦读，从小学到初中、到高中，她的学习成绩在学校里都是名列前茅的。由于杜静把心思都放在了学习上，在学校里她就很少交朋友，她没有一个知心的朋友，因此，杜静常常感到很孤单，特别是在上了高三以后，学习压力加大不说，特别是学校收的费用增多，这就加大了她父母的负担，这让杜静很是自责。

另一方面，杜静很难与同学相处，心里有与同学交往的渴望，但她不知道怎样与他人相处，更不清楚自己如何去结交朋友。杜静还常与同桌因一些小事发生争吵，老师已经给她换了好几个同桌了。现在她甚至不敢和自己的同桌有更多的接触，她怕再和同桌发生矛盾。因此，上高三不久，杜静常有一种难以言状的苦闷和压抑感，但她自己又说不出来是什么原因。她总是感到自己的未来很迷茫，对自己的一切都很不顺心，心里老是压着一份悲伤，就是考试拿了全校第一，她也没有了原来考第一的那份喜悦。以前自己感兴趣的事，现在看来都索然无味了，杜静对于自己的学习渐渐地失去了积极性，在很短的时间内，她的学习成绩也一落千丈。

这时的杜静不仅在情绪上忧郁愁苦，在生理上也出现了不良反应，她开始睡眠不好，在睡觉时常常被噩梦惊醒，而且胃口也不好。她感到很悲观、很压抑，常常想一死了之。

抑郁让可怜的杜静徘徊在生死的边缘，在这样的一个关键的时候，没有人来排解杜静心中的苦闷，如果有的话，至少不会酿成后来的悲剧。但遗憾的是，杜静的抑郁症状被老师所忽视，文盲的父母根本就不知道孩子是怎么回事，这就使得杜静渐渐地陷入抑郁的泥沼中不能自拔。就在一次高三年级外语考试后，由于成绩很不理想，杜静再也承受不了心里的抑郁给她带来的苦楚，她跳进了她常在其堤上读书的那条河，结束了自己年轻的生命。

抑郁是可怕的，也是普遍存在的，更是容易被人忽视的疾病。美国心理健康协会的最新研究结果表明，抑郁症通常被认为是困扰成年人的问题，但事实上，抑郁症却影响着美国2.5%的儿童以及高达8.3%的青少年。可中国的许多父母，对自己的孩子是否可能患有抑郁症并不了解，这项研究结果和上面的事例对我国的父母们，也许可以起到一点警示作用。

对于一个抑郁的孩子来说，他的生活态度通常是消极的。这样的孩子在与人相处时会丧失自尊和自信，孩子稍有不如意就会不自觉地进行自我贬低。在做事的过程中，孩子毫无积极主动性，他们做事没有一个目标，更谈不上事前有一个计划。当他的生活状况发生大的转折时，或者仅仅是生活环境的一点点不如意，他就会精神不定和心神不宁，会因为百无聊赖而焦躁不安，有时会茶饭不思，更谈不上去好好地工作和学习，整个人都会跌入消极颓废的泥潭中。

因此，作为孩子的父母，要及时认识到孩子在生活中存在的抑郁情绪，可能的话，还要耐心地帮孩子解决抑郁的心理问题，这对每位父母来说都是家庭教育中所必要的。当然，父母不可能解决孩子们生活中的所有问题，可父母至少可以为孩子提供改变抑郁心理的建议，帮他们成长为有着良好适应能力的人。孩子生活在一个充满理解和关心的环境里，加上父母对抑郁症也有所关注，孩子就可能不表现出来抑郁，时间长了，就是有这种不良的情绪，也可能就会逐渐被淡化。所以，家长对孩子抑郁症的防范和治疗起着极为重要的作用。

# 抑郁症是病不是孩子的错

有这样的一种孩子，他们有着健康的身体，良好的品德，看上去也是斯文儒雅的，但他们叫家人烦恼的就是有了抑郁症。

由于中国的家长对于精神健康的重视不足，往往使得他们在教育孩子的时候，孩子的精神世界就成了他们教育中的盲点；再者，他们对人的精神世界缺乏一定的认知，这也使得当他们面对孩子的一些精神状况的时候，他们要么就是束手无策，要么就把一切现象都当作是孩子的罪过而扣在孩子的头上。

孩子在成长的过程中，出现这样或那样的问题是很正常的，正如有句话说的那样："不经历风雨哪能见得了彩虹"。人只有在风雨中成长才会显得更加成熟。因此，家长不要惧怕孩子在成长过程中的坎坷，这对孩子在某种程度上却是一种历练。但孩子经历的"风雨"，是历练还是灾难，这取决于家长对孩子的引导。家长要对孩子的"不正常"有客观的认识，这样不仅能使自己的教育有效果，而且还会把孩子经历的“风雨”，变成孩子人生的一种磨砺。但很多家长在面对孩子由于抑郁而产生的一些现象时，他们往往是在孩子的心灵上雪上加霜。他们经常看到孩子抑郁时，他们会有自己的论断：

孩子有沮丧、悲观、忧郁的情绪时，家长抱怨孩子是窝囊废；

孩子有郁郁寡欢、闷闷不乐、无精打采的情绪时，家长会抱怨孩子说是不知上进；

孩子有不愿和人交往，甚至故意回避熟人、表情冷漠现象时，家长会抱怨孩子说待人没热情；

……

这些抱怨看似是对的，也会一下子击中问题的根源。但父母忽略了一个问题：孩子是病态的，因此抱怨是没用的。特别是对于精神上有障碍的人，抱怨往往会加重他的病情。如果把孩子的病当作是孩子的过错来处理，那么就会加重孩子的郁闷感——教育的效果又从何谈起？

有的父母也会明白孩子出现状况的真正原因，他们不会去看医生的。在中国人的传统观念中，因为精神的问题去医院，那就是人的神经有了问题，谁也不想自己的孩子为此使得别人对他有神经病的印象。

因此，当孩子出现抑郁的时候，“明白”的家长就想通过自己的家庭教育，自己把孩子纠正过来，他们的做法是：

孩子沮丧、悲观、忧郁时，家长就会多用语言激励孩子；

孩子有郁郁寡欢、闷闷不乐、无精打采的情绪时，家长就会营造一些欢乐来逗孩子开心；

孩子有不愿和人交往，甚至故意回避熟人、表情冷漠现象时，家长会多带孩子出现在一些人多的场合，以此来锻炼孩子等。

家长的这些做法看似是有道理的，但是他们忽视了这样做的一个前提：要先削弱孩子的心理阴影，事前要针对孩子的心理做一些事情和灌输一些思想做铺垫。然后，家长的这些做法只是使孩子的性格向良性发展的一种强化，只有做了某种铺垫，这种强化才会有意义。

所以，对孩子的抑郁，我们要把它当作是一种“病”来治疗，这种“病”更多的是要通过对孩子灌输一些理念，必要时还要服用一些药物进行辅助治疗。

对孩子的一些精神问题，把它当作是病态还是把它当作是孩子的罪过，家长的这两种态度对于纠正孩子的抑郁心理来说，它有时起到决定性的作用。家长要有一种理念，就是孩子的抑郁的状况是很自然的情况，很多人都会有这种不良情绪，只是各人的抑郁症状轻重有所不同，或有人容易忽视这种不良情绪。还有，孩子的抑郁心理是可以治疗的，这更不是什么丢人的事。当你认为是孩子病了的时候，孩子会得到更多的关心，家长对孩子的矫正也会很理性。当你觉得这是孩子的错的话，家长会把对孩子“错误”的矫正更多地寄托在孩子自身的改变上。但是，对于孩子抑郁的治疗，孩子自己是不能“解放”自己的，这时主要是外界要给予他“输液”、“打针”和做一些心理护理，这样孩子才会康复。当孩子自己不能改变自己的时候，家长的抱怨就会随之而来，加重了孩子的病情不说，往往还会把孩子推向自杀的边缘。

# 给孩子洗脑

孩子抑郁的所有表现，都来源于“抑郁情结”。这种情绪形成的原因往往各有不同，有的是长期受不良情绪的影响；有的是他对一些事情的理解存在着偏差，当这些偏差经过长时间的强化以后，在他脑海里根深蒂固地保留了下来；还有的是自己生活的环境、情感上突然有很大的起伏，这种突然的刺激一下子推翻了孩子原有对世界的认知，这样他就会走向抑郁的泥潭。

因此，对于孩子抑郁的治疗，首先要想办法使孩子在心理上推翻原有的认知，再根据个体的实际情况帮助孩子构建新的认知。当你构建的那种认知开始进入孩子心理的时候，你再用事例或话语激励孩子，以此来强化孩子新的认知。

汪文林是一个15岁的少年，在升高中时，他以优异成绩考到了省级重点高中。进重点高中后，他却反复对家长说自己“不想上学”。他常常莫名其妙地伤心流泪，这样的现象隔三四天就出现一次；孩子有时还有头疼、胸闷、厌食等不适应症状；他发脾气时就在家中的墙上乱涂乱画，还用毛笔写大大的死字，扔的满屋都是。这样的喜怒无常，使他对任何事物都无兴趣，情绪也非常低落，总想回到原来的初中。

汪支林的表现是显著的抑郁症状，这种抑郁心理的形成是有原因的：

汪支林的父亲和母亲不是一对和睦的夫妻，在他孩童时期父母就经常争吵，母亲还因生活负担重,心情不好,把气发在汪支林身上。这些使汪支林对环境非常的敏感，使他在面对新的环境时缺少情感的依附，他更没有学会如何正确对待焦虑和冲突的方法，因父母而营造的紧张环境在孩子的潜意识中留下了深深的烙印。

进入重点高中后，他不能在同学中表现得很优秀了，这就加重了他内心的无奈，这样就在他的内心导出幼年父母争吵时的阴影，于是孩子就选择逃避和发泄情绪来避免自已的继续受挫。

汪支林父母的关系虽然随着家里经济条件的好转而好转，但汪支林的这种状况却给家里带来新的阴影。他的父母走访咨询了很多心理专家，终于制定出了一套完备的治疗方案。

父母委托孩子初中的班主任去了解孩子现在内心的想法，因为最先伤害孩子的是父母，这使孩子在父母面前就不会敞开心扉。初中的班主任是汪支林喜爱的老师，孩子已经把他当作了他的好朋友，所以对他无话不谈。

在一个阳光明媚的周日，老班主任的到访使汪支林比往日开心不少。他很自然地向老师倾吐着生活中的种种不快，宣泄出积存内心深处的愤懑。他告诉班主任：

“高中的老师课讲得太快，往往是自己还没有听明白就过去了。初中时自己是全班第一名，现在中游都困难。每当看到其他同学学习时自己就很着急，于是也拼命学，可就是不见效果。自己反而有无法解释的想哭举动，他常坐着发呆，在家经常乱发脾气。功课落下了许多，又浪费了这么多时间，就觉得自己怎么这么笨呀！”

汪支林说着说着又哭了起来：“我好怀念初中的生活。现在我的成绩不好了，父母又唠叨我，我很难过。怕到学校去，怕考试，我该怎么办？”

汪支林的哭诉，使他的父母了解了孩子许多内心的想法和感受，这种深藏在孩子内心的不合理理念，正是他抑郁的根源所在，也就是教育者要将它推翻的。

班主任按照父母的要求，先帮助孩子搞清楚这些不合理想法与他情绪困扰之间的关系，使孩子在改变认知结构时有一定的理论基础。使孩子在心理上淡化一个观念，强化另一个观念。

要淡化的是：

考试没考好是因为自己没用，自己笨。

要在孩子心理上强化的是：

我有很多的优点，即使我笨，也可以笨鸟先飞。一次考试失利，不能证明永远都考不好，只要发现学习上的不足，并加以改正，成绩就可以提高。使他明白，正是这些不合理信念导致他情绪上的沮丧和无望，以致自己在学校时很紧张。

原班主任给孩子灌输理论，家长就设计一些事是来强化孩子心中的这些理念。但家长首先要调整对孩子的心态，要对孩子放开手，相信自己的孩子；还要经常给予关心、安慰孩子，给孩子以情感上的理解和支持，陪孩子做一些他平时最感兴趣的事情；站在孩子的角度去体会他们的感受；要多给孩子鼓励、表扬，学会赏识教育。家长所设计的事情要有一定的针对性。对于这个孩子来说，在做事时主要要叫他认识到：

1. 自己身上也有许多别人不具备的优点；

2. 我并不比别人差；

3. 只要我尽了力，任何结果都可以接受；

4. 风雨过后的彩虹，才是最美丽的，少去追悔过去，要抓住当前；

5. 考不上大学也未必就没有好工作，就不能成才。

在汪支林自我强化阶段，父母与现在的班主任老师进行沟通，有意识地改变他的学习环境，其中包括安排他最要好的同学做他同桌。当他有了一点进步时，老师也及时给予鼓励。

两个月过后，汪支林的情绪渐趋稳定，能够在校园进行正常学习，性格较前开朗、活泼，与家人关系相处融洽，谈话时有说有笑。

全面了解汪支林的情况，与汪支林共情、同感、取得其信任，是辅导治疗的关键。给孩子构建新的认知过程并非一蹴而就，是父母全力支持孩子利用自己头脑思维并改进的过程，是孩子重塑自我的过程。在行为问题的矫正中，仅靠孩子构建新的认知是不够的，父母必须给孩子一些实用技巧的指导。因此。各方面的配合很重要，这对于汪支林抑郁情绪的调节起重要作用。

孩子的心理问题，往往是由环境造成的，改变孩子，要注意改变环境，特别重要的是改变家长对孩子的教育心态，这也是矫正孩子抑郁心理成功的关键。

# 心病没从心上医

和孩子有一个融洽的关系是很多家长的愿望，但在现实中往往事与愿违，那就是家长无论做的怎样好，孩子总是不如意，孩子会无缘无故地和家人闹别扭。在家长眼里，孩子就没有高兴的时候，更没有对父母满意的时候。孩子与家长的对抗常常是无声的：生活懒散；做事漫不经心，是二分用心，八分随意的，叫家长一看就来气的那种；家长和孩子很难交流，家长一有说教，孩子要么就是用泪脸面对家长，要么就是把自己关在一个单独的空间里，用扔东西等方式来表示对家长的不满，更有甚者会离家出走等。

这就是因孩子抑郁而和家长闹矛盾的一些典型现象，但很多人由于对抑郁认识的缺失，往往把孩子的这些现象都认定成为孩子的叛逆。因为当孩子出现这些情况的时候，家长们都很想打开孩子的心结，要孩子自己说出缘由，比如为何生气，为何离家出走等？不论家长用什么方法，孩子总是三缄其口。当家长面对孩子沉默的时候，家长就会以为孩子在和家长“对抗”。家长都还“清楚”，“对抗”是孩子叛逆最典型的一种表现。这种认知上的偏差，成了消除家长与孩子之间矛盾的最大障碍。

其实，由于因抑郁或叛逆和家长闹矛盾这二者是有区别的，叛逆是表现为对着干，抑郁是孩子总处在对家长“不满意”状态。孩子叛逆时，他能向大人说出或在孩子自己的心里有着充足的理由，而且这些理由在孩子心里很“坚定”，持续的时间也较长。孩子的这些理由往往是源于强烈的自我表现欲望，这些心理过程在后文中将会再谈到；当孩子抑郁时，往往是没有理由的，它是孩子的一种情绪，这种情绪很短暂，在很短的时间内孩子又会变成另一种情绪，但情绪的类型都是一样的——抑郁型。在这种情绪下的孩子做事是没有理由的，就是有，这种所谓的“理由”停留在孩子的心里也很短暂。所以，孩子在面对家长说教的时候，常常是无言以对，其实不是孩子在和家长对抗，而实在是孩子自己说不出来。

很多家长不理解这些，孩子在家长心里的印象就是这样的：

孩子不听大人的话，在大人面前虽很少顶嘴，但闷倔的很；孩子也常常是不讲理的；

孩子很文静，但也很脆弱，很容易受到打击，孩子的生气常常是莫名其妙的，他会无缘无故地去摔砸东西；

孩子很多事不是做不好，而是不愿意、不用心去做；

孩子对自己很冷淡，距离也很远，自己对孩子的好心，往往都是被孩子当成了“驴肝肺”；

……

在家长心里，孩子出现了这些问题以后，他们很少从孩子心理的层面入手去校正孩子，他们教育孩子的办法总结起来有两种类型：

一种是家长顺着孩子，他们在内心中宠着惯着孩子。为了和孩子有融洽的关系，孩子不讲理，家长就不和孩子论理。家长不会去说教孩子，他们怕再“伤”到孩子，“教育”不如不“教育”。孩子在家的表现家长不满意时，家长也不去反对。大人知道，反正孩子也不会做出太“出格”的事。

这种做法不能消除孩子与家长之间的矛盾，因为孩子抑郁时情绪是低落的，家长的这种顺着孩子的做法，在孩子看来，自己的亲人是冷淡的，孩子会有自己被父母“放弃”和“轻视”感，这往往会加重孩子心中悲伤、失望的情绪，孩子也会更加地孤僻，这会加大家长与孩子之间的矛盾。

一种是家长的嘴巴总是放在孩子身上，一看到孩子有自己不满意的地方，家长总会及时纠正。给孩子及时纠正的人还不是一个两个，会有爸爸妈妈、爷爷奶奶、外公外婆等阵容强大的教育团队。不同的地点有不同的人说：在厨房有妈妈说，在客厅有爸爸说，奶奶撵到卧室说……不同的时间又有不同的人说：早晨，妈妈会打个“预防针”；吃晚饭时，全家会集中在饭桌上给孩子来个“批斗会”；临睡前，爸爸会给出与孩子分别多日后的总结……

这种做法就是一个正常的孩子也会接受不了的，况且是对一个有着抑郁心理的孩子，这样做会加重孩子的抑郁症状，加深家长与孩子之间的矛盾。它给孩子造成的结果，往往是孩子离家出走，或者是使孩子有像自杀这样更为严重的行为。

由于抑郁的孩子与家长的矛盾是“没有理由”的，家长在消除与孩子的这类矛盾时，家长不可把矛头指向孩子的问题本身，应该从造成孩子问题的心理入手，使自己成为孩子可以依靠的对象。这时的父母，在孩子面前不单单是孩子行为的一个指导者，他更是孩子心理上的维护者。只有维护好了孩子的心理，才能从根本上消除孩子与家人的矛盾，这样家庭才会显得更和谐幸福。

# 和孩子多层朋友关系

自古以来，中华民族就是很讲师道尊严的，中国的这种传统，从现代教育孩子的观点看，特别是家庭教育，它是教育孩子时的一道障碍。

在中国的家庭中，父母与孩子之间的关系是很严肃的。也就是说，父母一定是高高在上的，孩子平时的言语、行为必须要表现出对父母的尊重，父母在孩子面前也总是保持着十足的威严——这一切是没有错的。但问题是，很多家长太过于注重自己的威严，他们在孩子面前不苟言笑，加大了与孩子之间的距离——代沟就随之产生了。

很多父母在孩子小时候，可能还逗一逗自己的孩子，因为在家长的心中，孩子还不懂事，自己的举动还不至于在孩子面前有损威严。随着孩子的渐渐长大，家长就会渐渐地板起面孔来，孩子越来越懂事，家长表现自己威严的欲望就越强烈，因为家长不想在孩子面前“有失身份”。这样，孩子就感到自己与父母是一种等级关系，很难与父母接近。代沟产生了，父母与孩子之间就不会有坦诚的交流，因为人与人之间的交流，只有建立在一种平等的基础上，交流才能达到一个彼此满意的程度——大家都知道，与孩子没有一个很好的交流，就不会对孩子有太好的教育方法。所以，前面提到的“教育障碍”就在这里。

因此，在对正常孩子实施教育的时候，家长要和孩子“平等”起来。在面对一个“有问题”的孩子时，家长更要学会与孩子平等地相处，这样，父母的教育才能被孩子所接受。因而，在解决家长与孩子之间的矛盾时，家长要做到的是：要与孩子多一层朋友的关系。

抑郁的孩子与家人的矛盾往往是无中生有的，这种无中生有是孩子心情压抑的结果。他们面对“高高在上”的父母，在家里就没有办法排解这种压抑。一个人有了压抑，一是通过他人的排解来舒缓心情；再者就是通过发泄来舒缓心情。当孩子的压抑没有人来对其排解时，他只有用发泄来寻求心理的平衡，这种发泄在家里就变成了与父母的矛盾。

父母和孩子多了层朋友关系后，孩子与父母之间就在某种程度上“平等”了，在家里，孩子就会有倾诉的对象。压抑的孩子在面对父母时，就会用寻求排解的态度来对待父母，这样，父母与孩子有矛盾的可能性就会减小。再者，就是父母与孩子有了矛盾，特别是与一个抑郁的孩子有了矛盾时，当父母与孩子建立一种朋友关系后，父母对孩子就会多一分理解，孩子对父母也会多一分认同，这样，父母对孩子的教育也会容易得多。

和孩子做朋友，父母要先“放下”自己所谓的威严。父母放下威严，并不代表父母在孩子面前没有威信，因为父母有没有威严是人格魅力的展现，不是能装得出来的。父母保持自己的威严，也就是不想自己在孩子面前丧失威信，因为父母在孩子面前丧失威信了，也就基本宣布他们是失败的父母了，对孩子家庭教育的效果也就会丧失。

因此，和孩子做朋友，只要父母在孩子面前保持坚毅、正直、诚信等好品质，再加上血缘和年龄的差距，父母在孩子面前的威信就不会失去，这还可以和孩子融洽地相处。可父母如何能使自己以一个“朋友”的身份走进孩子的心里呢？

首先，面对抑郁的孩子，父母要营造轻松愉快的家庭氛围，要使孩子开心起来。父母与孩子能开心地相处，是父母与孩子做朋友的第一步。因为与父母任何一次不开心的接触，特别是对抑郁的孩子来说，就是他与父母关系的一次疏远。所以，父母与孩子开开玩笑，和孩子讲讲笑话，这些不仅对父母走进孩子的心里是很有帮助的，而且对于孩子抑郁的治疗也很有效果。

其次，要与孩子处在同一平等的位置上。在中国式的传统家庭教育中，父母总是高高在上，子女只能是道理的接受者。但在现代的家庭教育中，要教育好孩子，家长就要俯下身子和孩子交流，在交流中要多与孩子谈一些符合孩子年龄特点的话题，孩子感兴趣的话题往往是轻松而又时尚的。可很多家长与孩子交流时，不能击中孩子“要害”的话题是不谈的，孩子每每与家长交流时，听到的话题总是严肃的，那么这种严肃的话题，不仅会打消孩子与父母交流的渴望，而且还会造成孩子以后厌烦与家长交流。因此和孩子交流，首先要学会倾听，及时了解孩子的想法，鼓励他正确的想法并支持他正确的行为。

再次，父母要尊重自己的孩子。比如在处理家庭中一些事情的时候，同时征求孩子的意见，但是不要一味无原则地迁就孩子，家长要把握好这方面的尺度。在父母与孩子交流的过程中，遇到问题时要学会与孩子一起探讨，即使孩子对一些问题认知上有错误，家长对孩子也要尊重：那就是不要因孩子的错误批评孩子，把孩子引导到正确的认知上来。对于孩子一些不当的想法和思想，要动之以情、晓之以理进行说服和引导。

当父母成为朋友时，孩子会向你敞开心扉，做你的知心朋友。当家长成为孩子的朋友时，沟通不再是障碍，矛盾也就会随之减少。

总之，如果父母在家里用对待朋友的态度和方式来对待孩子，父母就会减少或化解与孩子之间的矛盾。孩子在悲哀、痛苦时有人安慰，在焦虑、愤怒时有人平息，在自责、羞愧时有人理解……这时，站在孩子面前的父母，不仅仅是有着骨肉亲情的长辈，而且还是能和孩子平等相处的知心朋友，任何一个有心理障碍的孩子，都能和父母相处得很好。

# 第七章
# 破解孩子的判逆

## 孩子的叛逆

孩子的叛逆，就是他不认同通常社会所认同的东西，比如不能认同社会普遍认同的道德观、价值观……换一句话说，就是孩子喜欢和人“对着干”。孩子的这种“对着干”会附带出许多不良的行为，正是因为这样，以至于很多家长很片面地看待孩子的叛逆。

要想驾驭叛逆的孩子，就要对孩子叛逆有个全面的理解：

首先，叛逆在孩子的成长过程中，不全都是起到负面的作用。孩子对一些事的不同看法和做法，不一定全是错误的，因为大多数人认同的东西也不一定全是对的。从某种角度讲，孩子的叛逆往往是一个人具有创新精神的基础，这种性格培养孩子探索新知的行动，更使孩子探索新知成为一种本能。因为如果没有“叛逆”的存在，人们就会对原有的东西一味地去认同，这样，人总会是墨守成规的，这样的生活也会了无生趣。在学校里，“不听话”的孩子走向社会后，其中的大多数都比在学校听话的孩子更能体现人的价值，其中的原因就在于此。

再者，叛逆是每一个孩子在成长中一个必然的心理过程，这就叫孩子的“逆反期”。叛逆起源于孩子在对世界有了理性的认识后，对于一些事物的探索精神，当这种“探索精神”超出一定的度的时候，孩子就表现出叛逆的性格，这个“度”超出的越多，孩子就越叛逆，叛逆的危害也就随之而来。“逆反期”是一个人从孩童过渡到成人的关键时期，如果家长不加以正确引导，就会导致孩子产生叛逆的性格，由此就会产生许多病态性格，比如多疑、偏执、冷漠、不合群、对抗社会等，这些性格如果进一步发展的话，还可能向犯罪心理和病态心理转化。

许多父母的孩子在小时候都是乖巧可爱的，可孩子一长到十四五岁时，就开始爱和父母唱反调了，对于父母的话他们总是“左耳朵进右耳朵出”，就是天大事，孩子宁可憋着也不跟父母说——一个孩子在他成长的过程中，这样的情况可能会持续两三年时间。有些孩子在父母面前的“不听话”表现得很突出，在现实生活中，我们不难看到不少父母有这样的悲叹：亲生骨肉在和自己作对。这些就是心理学家把青少年专爱和家长、老师作对的这一时期称为“逆反期”。

“逆反期”是孩子到了青春期的时候，孩子除了身体方面的变化外，思维方式也由儿时的感性的思维转变为更加理性的思维，孩子的自我意识逐渐地加强，处处要体现“我”的存在，但他们对事物的理解缺乏深度，体现自我又没有更广阔的市场，于是他们就会寻找实现自我的环境，因此，离他最近的父母或老师就成了“受害者”，就靠和父母或老师“对着干”来体现自我。

其实，孩子逆反的对象，并不只是在面对父母和老师时才会有，他们对社会也会产生强烈的对抗情绪。比如这个时期的孩子爱打扮得与别人不一样，有的甚至追求另类；爱做一些引人注目、与众不同的事；爱说一些令人吃惊的话；孩子的所有举动，其目的就是让人另眼相看，这都是他们想要的效果。孩子这样的举动，一方面是孩子年少，他缺乏适应社会环境和独立思考的能力等；另一方面，孩子起于萌芽的自我意识支配着强烈的表现欲。换句话就是孩子要在社会上处处表现自己，通过展示自己和别人的不一样来体现自己的价值。了解到这些，家长就不难理解孩子叛逆的表现了。

但是，作为孩子的父母来说，他们在面对一个叛逆的孩子的时候，他们看到孩子的不良表现是很多的，这也就是叛逆的孩子通常的表现：

1. 频繁地大发脾气；
2. 与父母过度争吵；
3. 明显地对抗和拒绝大人的要求和原则；
4. 故意使人痛苦和不安；
5. 自己犯错或行为不当，却责怪他人；
6. 极度地易怒；
7. 频繁发怒和怨恨他人；
8. 难过时说话刻薄、恶毒；
9. 寻机报复；

……

对于孩子的这些表现，父母如果加以正确引导，这也不是孩子成长中的“疑难杂症”，但如果处理不好，将会影响到孩子的心理成熟和身体的发育。对子女的这段逆反期，应如何进行正确的引导，这是每位家长在家庭教育中都要注重的问题。

孩子叛逆有着不容忽视的危害， 在“逆反期”的青少年，孩子小到对父母或老师有“反控制”、“对抗”心理，大到孩子有杀人、出走、自杀等事的发生，这是叛逆所带来的惨痛后果。因此，如果对“逆反期”孩子的心理加以正确引导，将使他们一生受益，但如果处理不好，将会影响孩子的心理发育和身体的健康成长。

在这个悲剧发生之前，20岁的杨扬是上海某美术学院大一的男生。在父母的眼里，他们对杨扬还是满意的，因为孩子最终还是以不错的成绩考上了自己为其选定的大学，并且孩子的专业家长也是非常满意的。

从孩子懂事的那一天起，杨扬的妈妈就一直在主导着儿子的生活，孩子的方方面面都是由妈妈说了算：吃什么样的零食，穿什么样的衣服，交什么样的朋友……甚至孩子每天该做什么，这些都是由妈妈事前安排好的。在中学的时候，杨扬对妈妈的这种做法也曾经感到反感，但这种做法至少可以给自己带来学习上的便利，再加上孩子胆子小，这时的杨扬在表面上也就忍了。可杨扬上了大学以后，妈妈一点也没有因为杨杨的长大而改变原来的做法，还是对孩子“关照有加”，同学们开始因此而笑话他了，这时的杨扬再也不能忍受妈妈的独断专行了。

按正常情况来说，孩子的叛逆性应该在16岁左右就表现出来，而杨扬把它延长到20岁，孩子多年叛逆情绪的积压，到大一时才彻底把这个“逆反”爆发出来。

父母一直不明白，杨扬一直都是一个非常“听话”的孩子，为何考上大学后却一切全变了。孩子开始逃学、旷课、交女友、离家出走……上了大学后，孩子打架成了常事，更严重的还和社会上一些不三不四的人混在一起。对于杨扬的表现，系里已经给他下达了留校察看的处分，这虽然让妈妈很是伤心，但不知道为何，看到妈妈难过，杨扬心里却有一丝快感。

这些年来，妈妈费了很多心血才把杨扬送进大学，正想松一口气了，却没想到，儿子一进大学后就变了个人。第一学期结束后，孩子的专业课有好几门不及格，开学后马上面临补考，但孩子根本不像因要补考而去用心学习。

于是，在暑假里，妈妈不准孩子有其他的活动，她要求孩子待在家里补习功课。妈妈以为，以前儿子学习成绩并不差，现在大学也就这样几门课，如果用心学不至于是现在的状况。就说水彩画吧，以前基础差一点，那就好好练，人家一天画一张，她就要求孩子一天画两张、三张，她要求孩子去“苦练”。

其实从中学开始，孩子就不愿再和母亲有太多的交流，但在妈妈的面前，他总是装出快乐的样子，所以妈妈也没有察觉。在妈妈的眼里，孩子总是原先的孩子，但妈妈不知道，自己这样要求孩子，孩子已经从原先对妈妈的忍受到了憎恨妈妈的地步。孩子心理上的变化，妈妈一点也没有意识到。杨扬本来对自己的功课还有几分重视，但看到妈妈这样对自己的逼迫，他不想让妈妈太如意，于是，本来自己一天可以画一张的水彩，现在就连半张他也不愿意画了，他甚至想用自己的退学来打击一下母亲。

这是一个令杨扬和他母亲都不开心的暑假。妈妈把孩子关在家里，不但没有学习，而且使孩子在学习上更加放松了。杨扬面对母亲的压力，更是在烦躁不安中过着自己的假期，他恨自己的妈妈，他在自己的日记中写道："有没有人能帮我揍我的母亲？"，"当她还活着时，我就什么都做不成"……

"不在沉默中爆发就在沉默中灭亡"，在中午休息的时候，杨杨看着妈妈酣睡的面孔，想到自己被妈妈约束的"苦难"，他想自己来"教训"一下可恶的母亲：他把电线的一头放在妈妈的手上，另一头插向电源……

这不是子女因叛逆的情绪而残害父母的第一例，可就是很少有人注意孩子叛逆的危害，当事情发生后人们扼腕叹息的时候，再也没有人能改变这种悲剧的结果。

很显然，叛逆使孩子变得冷血，亲情、朋友和自己的前途在他心里变得一钱不值。孩子对父母乃至对社会怀着很深的憎恨和叛逆情绪的这种想法，产生是长期累积的结果。父母从孩子出生的那一天起，就盼着孩子能快点儿长大，可随着孩子一年年地长大，却凭添了许多烦心事。因为孩子进入青春期后，以前听话的"乖乖女"、"乖乖儿"就会变"犟头驴"。教育处在青春期叛逆状态的孩子是件很棘手的事，"强加束缚"往往成了父母教育孩子的主要手段，可这种"强加束缚"用的不好，就会增加孩子的对抗情绪和叛逆心理，难保孩子会出现行为的偏差乃至滑向歧途，因此，家有"逆子"时，父母就要更加地重视自己的教育方式。当许多传统的教育方式已不能见效时，这时不妨换一种心态，变化一下方法，这样才能避免上述悲剧的发生。

# 孩子和父母对着干

现在的青少年，父母似乎很难管理他们，他们就像一句俗语说的那样："要他向东，他偏向西；叫他打狗，他偏撵鸡"，于是，"现在的孩子不听话"就成了父母对孩子最为统一的一句评价。很多父母在说出这样一句话的背后，往往是隐藏着很多对孩子的失望与无奈。但是家长的这种失望或无奈，并不能全归结为是孩子的错，其中的责任有的需要家长自己来负。

"现在的孩子不听话"。如果从一个很全面的角度来看，它的背后会隐含很多内容：

1. 孩子的想法要比父母的想法高明得多，甚至是家长的话根本就不对，孩子因此不顺从父母；

2. 孩子也有自己的正确想法，孩子想用自己的思路去做事；

3. 孩子正值逆反期，行为确实有些叛逆；

4. 本就是一个无可救药的坏孩子；

……

孩子的这些状况，父母都可以用“不听话”来概括，但在这些现象中，并不全都是消极的现象，其中有些孩子的表现，甚至是值得成人去赞赏的。可是，在一些父母的评价中，一句“现在的孩子不听话”，就把孩子的所有表现概括了。孩子“不听话”，叫人听起来总是不对的，对正在接受教育的孩子来说，这是需要纠正的一个缺陷。于是，家长的教育重点就放到了“要孩子听话”这个核心上来。“唯听话的孩子才是好孩子”，这成了父母教育孩子时的一条“公理”——所有这些就是很多家长对孩子的教育体现不出效果的原因，有的家长还因此使孩子走向叛逆，因为这些家长的教育方法出现了问题：

不管孩子的对错，家长都只要求孩子听自己的。错了的，孩子听父母的，这无可厚非，但要是孩子自己是对的呢？他还要听父母的，这是令孩子最反感的事——在自己是对的情况下听父母的，要么父母也是对的，只是和孩子的意见不一致而已，要么父母根本就是错的。

这些事给孩子心理上带来的反应，往往是出乎人意料的。在孩子看来，父母是对的话，自己也不难理解其中的道理，这些对的道理也不仅仅是父母在向自己说，老师、电视上、课本里似乎都在说同样的话，这些老生常谈的大道理，孩子觉得家长的话一点新意都没有，孩子对父母说教的厌烦感觉就会慢慢地产生了。当父母与孩子意见不一致的时候，这又会强化孩子的这种对父母心烦的感觉，渐渐地就会对父母反感。比如在对一件事的解决方法上，父母可能只会拿出一种方法把事情解决掉就了事，但孩子却不同。孩子的思维是活跃的，他会想到继而去尝试多种解决问题的办法，而且这些办法与父母解决问题的办法比起来也不会差到哪里去。于是，孩子就不会按照父母的意愿去办这件事了，但由于孩子自己的“不听话”，在面对父母反对的时候，孩子就会觉得父母的这种反对毫无道理——父母压制了自己做事的自主和创新，这就更增添了孩子对父母的反感情绪。不难看出，家长这时的教育只是增添孩子对他的反感，也是这种教育方式把孩子慢慢地推向叛逆的边缘。

父母错误的那一部分，是使孩子走向叛逆最直接的原因。也许有人会说，父母能意识到自己的对错。在这里，我们不敢否定天下所有父母的智商，但可以肯定每个父母总会有一些失误。父母的这些失误，孩子就把它当作是父母教育自己的一部分，被孩子抓住的话，他不仅会对父母以前所有的话提出质疑，有的会直接怀疑自己父母的能力。父母多有“现在的孩子不听话”的感叹，有一部分的原因是现在的信息是非常发达的，孩子很容易判断出父母的错误，而且父母的错误还可以得到直接的验证，这就进一步加强了孩子对父母的否定态度。这时，父母在孩子的心目中就会威信全无，孩子就不会再听父母的话，和父母“对着干”的情绪就会产生，这时的孩子就基本上表现出叛逆的性格来了。

在这里，我们不是说不允许父母有所失误，问题是父母对孩子这方面的教育，是建立在“孩子不听话”的基础上而做出的决断，在父母看来，“孩子不听话”就是孩子不对，孩子不对时就要听自己的，父母这样去要求孩子，会使父母在不自觉中坚持了自己的错误，这在孩子看来就不是父母失误的问题了。

因此，家长的这种教育方式，导致孩子有这样的心理变化过程：正常的孩子——对家长的烦心——对家长的话反感——怀疑父母的话——否定父母的能力——叛逆——和父母“对着干”。我们不难看出，孩子是一步一步走向叛逆的，然后才和父母“对着干”，在这每一步中，似乎都是家长在推动着孩子走向叛逆的，是父母自己把孩子逼向自己的对立面的。这对父母教育孩子来说是很可悲的，更可悲的是很少有父母注意到这个问题，父母往往是一心扑在孩子的教育上，到头来孩子还是不如自己的意，感到自己的教育对孩子没有什么效果——真的是孩子难管吗？

## 注重孩子的心理感受

孩子和父母对着干，这是孩子叛逆的表现之一。叛逆的孩子在做事时主动性都比较强，再加上青少年做事时经验不足而冲动有余，这就使得孩子犯错误的可能性加大。由于孩子的叛逆，总是爱和父母对着来，父母的教育几乎不会起多大作用，有的甚至会起到相反的作用。看着孩子在犯错误，父母却无法下手去纠正孩子的错误，这是孩子和父母对着干给父母所带来最大的一个问题。当家长面对这种状况的时候，千万不要和孩子“来硬的”，要学会用“以柔克刚”的办法来对待孩子与父母对立的情绪，那就是你的教育要注意到孩子的心理感受。

前面说过，从一个正常的孩子到和父母“对着干”，他是有着这样的一个心理过程：对家长的烦心——对家长的话反感——怀疑父母的话——否定父母的能力——叛逆——和父母“对着干”。因此，我们在面对一个有叛逆情绪的孩子的时候，父母的说服教育就要注意到孩子的心理感受，至少父母的言语不要使孩子有心烦或反感的感觉，如果父母说教的话再使孩子能多一分认同感，那么这就会使自己的孩子在父母的面前“温顺”一些。正如美国家庭治疗大师萨提亚说的那样：“当孩子确实有错误需要纠正时，充满慈爱的父母通常会采取很坦诚的办法，询问原因，倾听孩子的心声，给予关爱和理解，同时体会孩子的感受。最后，才利用恰当的时机，当孩子自然地想倾听时，才给他们讲道理。”

周波夫妇工作在外地，他们有一个17岁的儿子，在老家外婆的身边上学。周波隔三五天就会给孩子打一次电话，以此来掌握和指导孩子的生活。但是近来孩子的情况很不好，外婆也反映说孩子开始学会抽烟、喝酒、打牌和沉溺上网了。在周波看来，儿子一向是很听话的，对于抽烟、喝酒、打牌和沉溺上网的事，自己也常告诫孩子不要去做，孩子也很理解周波的心意。但不知怎么回事，周波的话在孩子耳中一下子失去了作用，相反地，周波平日所告诫孩子的事，孩子反而都去做了。孩子在面对外婆的劝阻时，还说了一句“你早死了最好”的话。

周波慌了神，连忙请假赶回来，在周波的心里，一个家庭里，孩子的教育问题是一件大事。对于周波的归来，孩子的态度与原先周波回来更有所不同。这些周波看在眼里，也没有说什么，因为周波知道，教育孩子的一个原则是，不要只紧盯着孩子的问题，而是要寻找并理解问题背后的原因。

周波了解到，儿子的成绩还比较稳定，成绩在年级还依旧是名列前茅的。这种情况下，周波如果对儿子说，“希望你放弃那些行为，把精力投入到学习上去”，显然不会有说服力，因为孩子已经出现了和家人对着干的叛逆行为，做父母的就不要急着去谴责孩子，甚至强迫孩子改变，因为那常常会激发孩子更强烈的叛逆，从而和家人的矛盾更突出。明白这一系列道理的周波，他先为儿子和自己对立的叛逆行为找出答案：外婆太唠叨了。

原来，儿子和外婆在一起时，外婆整天对着他唠叨，也就是重复说一些在电话里周波夫妇对孩子说教的话，一开口不是“你妈说……”，就是“你爸说……”，这让孩子的心烦透了。还有，孩子不在父母身边，孩子多少会觉得自己有一些孤独，孩子有被遗忘的感觉。

在通常的情况下，父母会对孩子这样说：“外婆唠叨也是为了你好，你要听话。”说这句话的时候，就是父母没有注意孩子心理的感受，家长这样一说，孩子说什么都是白说，那就不如不说。孩子不仅是在烦“外婆整天对着他唠叨”，更是在表达他“烦透了”的感受，但做父母的只对“唠叨”给予了响应，却根本没有考虑孩子“烦透了”的感受。这就是他为什么对外婆说“你早死了最好”。其实，他使用这种语言，只是为了让父母明白，外婆的唠叨让他多么难受，他多么想摆脱外婆的监管。

很多父母在听完孩子“你早死了最好”这句话时，他们在心里立即就会给孩子贴了一个标签：对长辈不尊重。做子女的当然会感受到父母的这种评判，从而会觉得更加孤独，更加得不到理解，于是也会变得更叛逆。

但周波不会在第一时间去处理孩子的问题，他会先处理孩子的感受。周波处理孩子的对立情绪时只做了两件事：

一是向孩子道歉。原因是自己不该把孩子往坏处想，更不应该在电话上强调儿子该怎样去做，这种对孩子的不信任就是对孩子的不尊重。周波还特别对儿子说了这样一番话：“父母知道你是一个很有主见的孩子，我们不该低估你的自制能力，我相信你今后自己能处理好自己的任何事。”因为孩子的成绩没有下降，周波说这些话时心里是踏实的。

一是要求孩子的外婆不要再“过多地管束”孙子，要外婆对孙子的教育放手。因为没有了外婆的唠叨，孩子就没必要做过分的举动，也不会再说“你早死了最好”的话了。

随后，周波就返回了原工作地，在以后与儿子的通话中，周波只是说一些轻松愉快的话，对孩子说教的话只字不提，儿子与周波的每次通话都显得很开心。这样没过多久，儿子就主动向周波说起自己的学习情况来，当然说的也是令周波开心的事，孩子叛逆的举动看来已经有了改变。

进入青春期的孩子，叛逆是最大的特点。但进入青春期的孩子之所以叛逆，并非是一定要和父母对着干，而是为了尝试自己的力量，试着自己为自己的事情做主。他们不愿意继续做“乖宝宝”，如果父母没有意识到这一点，仍然不停地向孩子发出指令，期望孩子按照他们设计的路线发展，那么孩子会用叛逆行为来向父母说“no”。逆反期的孩子不是故意和父母过不去，他们这样做，也是为给自己争取独立的空间。如果父母尊重他们，一开始就给了他们独立的空间，那么他们的叛逆行为会大大减少。在面对孩子叛逆的时候，周波不仅用

“道歉”的方式体现出他尊重孩子，还给予孩子更大的空间——这一切都是从孩子的心理入手的：“道歉”使孩子心理上接纳父母——开心的电话使孩子认同父母——叫外婆放手来去除孩子的反感——给予孩子更广阔的自我空间使孩子顺心。这样，孩子和父母对着干的情绪就轻松地化解了。

# 父母是“独裁者”

孩子恨自己的父母，在很多人看来，这是无稽之谈。但对于做父母的面对叛逆孩子的时候，他们都会有“孩子恨自己”的感受。不同的叛逆孩子，他对父母“恨”的轻重有所不同，从小小的埋怨到最后敌视自己的父母，这对于父母的爱子之心来说，无疑都是最痛心的伤害。这种伤害可能会延续到孩子成人以后对父母的态度，在父母年老以后，孩子对父母的态度不好甚至是不孝，其根源就是在于孩子逆反期时父母教育的缺失。

父母生养了孩子，在孩子成长的过程中有时是含辛茹苦地把孩子慢慢地养大，当孩子要成人时却产生恨父母的心态，这样的孩子看起来简直是一个狼心狗肺的人，有这种心态的孩子更是大逆不道。可很多人在批判孩子的同时，似乎忘记了中国的一句古话：“子不教，父之过”。在这里，父母的过错，很大程度上是教育上的不当，他们在家中对孩子来说是一个“独裁者”，孩子没有任何自主的空间。孩子在这些父母的手上接受着傀儡式的家庭教育，这样，孩子在生活中的不快，就会很自然地转化为对父母的怨恨。

因此，在青少年中会不停地出现一些忤逆子，但当我们回过头来看了这些孩子成长的历程之后，我们就不难找出自己教育失败的根源。

在现实中有两种不同的家长，那就是“成功型”和“失败型”的家长，当然，这种所谓的成功与失败有可能是家长的自以为是。他们都有一个共同的特点，就是做事都是很有主见的，他们更有很强的能力和丰富的社会经验——有的甚至会因为这些而有些自负——他们在教育自己孩子的时候就会成为一个“独裁者”。

“成功型”的家长由于自己是成功的，他总想把自己成功的经验灌输给孩子，同时，他也希望孩子能快速接受自己的那些成功的经验。这时，他就给自己的孩子设计出一套“最佳的生活和学习方案”。他们把孩子当成是“一辆火车”，他们把这辆“火车”固定在“最佳的生活和学习方案”这条轨道上。他们以为，这辆“火车”只有在正确的轨道上才会最快最顺利地到达目的地。

“失败型”的家长由于自己是失败的，他就会把自己人生所有的希望寄托在孩子身上，他把孩子看成是自己生命和事业的延续，他们希望孩子能帮自己实现自己人生的理想。同样的，他们在教育孩子的时候，也会把孩子当成是“火车”，把孩子放在自己设计的轨道上。“失败型”的家长与“成功型”的家长有所不同，“失败型”的家长会从自己的失败中总结一些经验，努力地使孩子不要犯和自己一样的错误，他们在教育孩子的时候，会不停地挑出孩子的一些错误；

“成功型”的家长在教育孩子的时候，会把重点放在叫孩子“这样去做”、“你必须这样做”上。因此，孩子在做一件事的时候，就会出现这样一些情况：

1. 父母把做事的步骤和方法给孩子设计好，孩子动手去做就行了，孩子不用花费太多的脑力，有时只要有体力就行了。父母的意思是让孩子在自己的“英明决策”下能获得很好的教育，他们不允许孩子有任何违背自己意图的举止。孩子一有偏差，就会加强对孩子的“教育”：斥责或加强对孩子的指导。

2. 孩子做事之前必须要和父母商量，孩子一切自主的行动都是不被父母允许的，小到孩子吃什么样的糖果，大到孩子自己人生的走向，一切都是由父母来决定的。

3. 孩子的要求很少有得到满足的时候。孩子心里所渴望得到的东西，父母也用自己成人的眼光加以审视，最后得出的结论都是以否定而告终。

……

在家长看来，自己的这些做法没有什么不对的地方：给孩子设计好做事的方案，那是给孩子在做示范；办事要经父母同意，那是父母在给孩子把关；孩子的要求得不到满足，那是在教育孩子不要任性……可这些对于孩子来说，往往会变成最令他们反感的事。

家长的这些做法，使孩子的身体得不到自由的行动，孩子的思想得不到实践的检验，孩子的兴趣得不到满足……孩子会感觉这个世界没有一样是属于自己的东西，父母用独裁的方式掌控着自己的一切，父母对待他们的方式，犹如将他放置于一个能禁锢人身心的牢笼里，使自己压抑万分——你的教育叫孩子有这样的感受，教育哪还会有什么效果可言，使孩子在叛逆中产生对父母的怨恨，倒是很自然的了。

# 站在孩子的立场上

孩子对父母产生怨恨的心理，有的孩子甚至对父母到了仇视的地步，其中的原因就是父母对孩子的“照顾”太周全。孩子觉得家长在家里对自己太霸道，在父母面前，自己什么都不懂，父母一直也把自己当成是三岁的小孩子。其实，现在的孩子什么都懂，只是他们的想法由于年龄的差异和大人有所不同罢了。孩子有自己的想法，这是孩子在成长的过程中很自然的一个过程，不是孩子智力上的什么缺陷，因为事物的发展总有一个从弱到强的过程，孩子从幼稚无知到成熟成人也是有过程的。家长用大人的思想来揣测孩子的心理，并以此作为教育孩子的依据，这很难使孩子对父母有多么大的好感，因为孩子很难从心理上靠近自己的父母，融洽的亲情关系就无从谈起。

一位年轻的母亲在一条繁华的街道蹲下身来为自己四岁的儿子系鞋带。母亲无意中抬起头来发现，自己的眼前没有绚丽的彩灯，没有迷人的橱窗，也没有装饰华丽的广告牌……原来那些东西都太高了，一个四岁的孩子什么也看不见。落在他眼里的只有一双双粗大的脚和男男女女的裤脚在他的眼前互相摩擦、碰撞、摆来摆去……这是这位母亲第一次从四岁儿子目光的高度眺望世界，她感到自己儿子的可怜。从此这位母亲发誓，今后再也不把自己的意志强加给自己儿子。

所以，要想与孩子有融洽的关系，孩子也孝顺听话，并且处处都能得到父母的赞赏，这就需要父母在与孩子相处时，特别是在对孩子实施教育的时候，一定要放下自己是父母的霸道架势，站在孩子的立场上为孩子想一想。有了这个态度，不仅可以预防孩子对父母怨恨心理的产生，还可消除孩子对父母既成的怨恨心理。

青春年少的孩子都不喜欢有太多的束缚，当孩子有了自己的主张，他们都希望按照自己的主张去行事。这时，孩子就无可避免地会和父母的意见发生冲突，这时的父母应该体会到孩子的这种需要，不要从自己的主观意愿来判断这种主张的合理性。父母学会倾听孩子的心声，学会设身处地去体会孩子的想法，并且尊重孩子，接纳他们的合理要求。这样父母的教育才会有效，孩子才会高兴地听命于父母。

孩子犯了错，家长如果用责备的口气说："谁叫你这样去做的！"虽然孩子迫于大人的压力会机械地服从，但在孩子的心理上会产生对大人反抗的情绪。所以，父母责备孩子之前，要先和孩子来一个换位思考，对孩子说："昨天太累了，才使你今天上学迟到。"或者说："是爸爸没有及时叫醒你，以致于你迟到了而耽误了学习。"这种换位思考后的言语，是包含着对孩子的理解，也有父母对孩子迟到的部分责任的分担。孩子听后，必然也会用心检讨自己的行为。如果家长说："你今天真懒，不然怎么会迟到呢？"这样，不管孩子迟到的原因是什么，在家长的眼里，就是一个字：懒！孩子自然不会服气，这样的不服气多了，孩子就会产生对父母的怨恨之情。

当孩子有了对父母的怨恨之情，家长首先要收起自己的那份“独裁”，也站在孩子的立场上来教育孩子。不要孩子对你三分恨，你对孩子用七分狠，用这样的方式来纠正孩子对你的态度，你永远也得不到好的结果。那么，面对恨你的孩子，要“站在孩子的立场上”，父母又该如何去做呢？

16岁的杨青山进入高中后，变得越来越不听话了，他似乎喜欢和他的爸爸对着干。父亲因此加大了“教育”的力度，一发现青山有什么不对，就会给他一顿训斥。面对青山在足球场上的疯玩，他给孩子报了一个小提琴业余学习班，想以此来收住孩子的玩心。

自从被父亲逼着上老师家去学拉小提琴后，和他酷爱的足球已经分别好几个月了。严厉的父亲坚决不允许他再踏入球场半步。每当他在老师家拉着枯燥的曲子的时候，对于足球运动的渴望使他痛苦难耐，他渐渐地对自己的父亲产生了怨恨之情，并且这种怨恨在他所拉的曲调声中渐渐地加深。杨青山在日记中写道：“我恨自己的爸爸，我希望有一天他在下班的路上能被车撞成一个植物人，这样，我的爸爸就不会再这样不讲道理了。”

父亲看出了其中的端倪，他很快地就改变了自己对孩子的策略。一个周末，孩子的同学来约青山周日去踢球，父亲居然答应了孩子的要求，父亲唯一的条件是，要孩子带老爸一块去“练练脚”。周日的外出踢足球，虽然球踢的不是很精彩，但孩子却显得很高兴，父亲也很开心。回来后父亲对孩子说：“和你一起踢球，我锻炼了身体不说，也感觉自己年轻了很多，在球场上能感觉到自己又回到了自己的少年时代了。”父亲舒心地笑了笑，接着说：“你在球场上和那么多孩子一起玩你喜欢的东西，那是你最开心的事，看来我叫你学拉小提琴是错的了。这样吧，爸爸准许你今后踢球了，琴学不学随你。”听完父亲的这番话，青山的眼里盈满了泪水，这是孩子的委屈得到理解后，压抑的心情得以释放的结果，孩子对父亲的怨恨也随着眼泪的流出而减少了大半。

在这以后，父亲改变了自己“专政”的态度，说话时特别注意少用“你应该”、“你必须”等强制性口气了，让孩子做事也试着用商量、征询的语气，父亲改变了居高临下的俯视式的教育方式。没过多久，青山与父亲的关系有了很大的改善。所以，在教育孩子的时候，多角度地去为孩子着想，比如：孩子的兴趣，孩子的年龄特点，孩子目前所处的环境氛围……还要站在孩子的立场上去做事。比如：和孩子一起玩耍，和孩子一起说笑，和孩子一道争论……在孩子的特点和大人的教育方式这两者之间找到一个最佳的结合点，只有站在孩子的立场上，父母才会把握好这个“最佳的结合点”，这个结合点也正是子女与父母良好关系的结合点。换句话说，没有这个“结合点”，对于叛逆的孩子恨父母，也就缺乏教育好他的基础。

## 憋着不满谁都很难受

当孩子长到十三四岁的时候，渐渐地，有的孩子就会失去儿时的乖巧与可人，他们与大人很少再有言语上的交流。他们和自己的同龄人常常是有说不完的话，可一遇见大人，要么不开口，要么开口就没有好言语来相对待，于是有人就说，现在的孩子说话不知轻重。不难发现，孩子开口伤人最大的受害者是他的父母，孩子在说话的时候，往往会刺激父母对孩子的那颗慈善的心。说话不知轻重的孩子，他对父母的言语是冷漠的，父母不会得到一句来自子女的体贴和温暖的话——很多人不知道这是孩子叛逆的一种表现，很可能是在孩子心里有着某种对大人的不满，当孩子对自己的不满又无力去申诉的时候，他们就用最简单而又最直接的方式——用伤人的语言来宣泄不满和抵制给自己带来不满的东西。于是，在生活中的孩子就会出现这样的情况：

1. 当母亲在厨房里切菜手指受伤，向女儿发出包扎的求助时，正在看电视的女儿抛出一句："这关我什么事呀！"

2. 看见母亲生病躺在床上，刚放学回家的孩子进家的第一句话就是："你在躺着，那我晚上吃什么呀？"

3. 当妈妈在面前唠叨时，孩子说一句："你闭嘴好不好？"

4. 儿子对他的父亲说："你再管我，我就对你不客气！"

……

对于一个孩子的好坏判断，一是从孩子行动上来判断，另一个就是从孩子的言语上来判断。当孩子在这样的情况下说出这种不近人情的话时，家长的第一判断就是孩子的德行太差，自己在这方面对孩子的教育失职了，自己对孩子的教育需要加强。当家长在面对这样的孩子的时候，他们知道对孩子要"加强教育"，可他们不知道怎样去对孩子"加强教育"。

其实，所谓的"加强教育"，有时候并不仅仅是加大对孩子说教的强度，而是要花精力找出孩子出现问题的原因，拿出更多的时间，选用更适当的教育方法等，这才是正确的"加强教育"。但很多家长并不是这样做的，当孩子语出伤人的时候，他们的"加强教育"，教育的也很"及时"，也有"很强的针对性"，当然，教育的过程也是"步骤清晰"。比如，儿子对他的父亲说："你再管我，我就对你不客气！"这时，有的父亲就会马上（及时）走到孩子的面前，实施他的教育步骤：

第一步：对孩子或打或骂；

第二步（脾气好的父母，这也可能是第一步）：直接责问孩子："我看你如何对我不客气！"（针对性很强）

第三步：用思想教育孩子，批判是教育方式，语言为主要教育手段，批评的主题是："这孩子的话，太无法无天了"。

在家长看来，孩子的错误言语，自己没有等闲视之，而是及时地对孩子进行了"说服"教育。这种教育看起来还是很有道理的，自己对孩子加强了教育。但是过几天，孩子对父母又冒出一句："你闭嘴好不好？"的话来。对父母威胁的话就算孩子不敢说了，孩子又会说出对父母不尊重的话来，孩子语出伤人的毛病依然如旧——这种加强的教育没有起到什么作用。

前面说过，孩子出口伤父母的心，是对父母某些方面不满的结果，这些不满自然就会给孩子的心里带来怨气，特别是对于一个外向型的孩子来说，不满憋在心里那可是如梗在喉，他们只有通过语言来刺激自己的父母，以此使自己的情绪在心理上得到平衡。但在现实中，又是父母使叛逆孩子心中失去这种"均衡"的：

面对一件事，妈妈不停地唠叨，意思是能起到强调的作用，但在孩子心里却是母亲的啰嗦，这使孩子心境难宁，会感到母亲很烦人；

在大人的指挥下做这做那，孩子的每一步行动，首先考虑的是自己的做法是否符合父母的意图，在这个过程中，还有自己做错事后被父母批评责备的担忧，因此，孩子在做事时有着很沉重的精神负担；

……

这就使孩子没有办法使自己的生活轻松起来，于是，不同的孩子会用不同的叛逆方式来进行"自我释放"，比如频繁地大发脾气、与父母过度争吵、和大人对抗、故意使人痛苦、怨恨他人、报复他人等。孩子说话很伤人，只是孩子逆反行为中的一种表达方式。

所以，孩子说话伤人，这是被自己不满情绪憋闷的结果。心里憋着不满谁都很难受，但父母对孩子的教育，往往不是从排解孩子心中的怨气入手，他们的教育是对孩子“头痛医头，脚痛医脚”，这样的教育是治标不治本的，教育就不会有效果。

## 不要使孩子心里有气

孩子说话很伤人，往往是孩子生气的反应。孩子也是好生气的，心理学以为：由于孩子心理的不成熟，对一些问题的看法，往往是感性认识多于理性的认识。这就是孩子情绪化比大人多的原因，因此，孩子的喜怒变化非常的快。但是，当一个孩子有了叛逆情绪的时候，这种在心里的生气，会上升到孩子直接的叛逆行为。说话伤人，可能只是孩子有更严重的叛逆行为的初始动作，是孩子严重叛逆的苗头，如果父母不加以重视，孩子的叛逆反应会更强烈，后果也会更严重。

所以，当孩子喜欢用偏激的语言对待父母的时候，先不要下“孩子变坏了”的结论，应首先想到“孩子又生气了”。这样，在教育孩子的时候，就不会抓住孩子的问题不放，而是直接找到产生这些问题的原因，这是很有效果的教育方式。这种教育方式之所以有效果，在于它能直接从根本上解决问题。你想，孩子言语不好，只是生气的原因，我们不让孩子生气不就行了吗？或者孩子心里有气，我们能学会替孩子消去心中的怨气，孩子的言语不就变好了吗？

因此，在生活中面对孩子的时候，我们要注意两个方面：

一、我们不要惹孩子生气。

不惹孩子生气，这在家庭教育中家长很难做到。在很多家庭教育中，父母对孩子的教育与孩子生气是两条并行线，就像火车的两条轨道始终并存。很多家长还有这样的一个认识，那就是自己在说教孩子的时候，孩子生气是不接受自己说教的表现，孩子这时的生气，也全是孩子的错。家长这样认为其实是不对的，试想，教育孩子的目的不就是想让孩子变好吗？如果家长的教育孩子不能接受，却又使孩子生气，那还不如不对孩子进行教育。或许有的父母说：我们令孩子的生气的教育也是有效果的呀！可是，令孩子生气，从某种程度上说也是对孩子的一种伤害，姑且不说你的教育能不能从根本上解决孩子的问题，就是有教育效果，那也是在“割自己的肉补自己的伤”。因此，最好的教育办法是使孩子能高高兴兴地在接受你的教育的同时，至少要使自己的孩子不会生气。

但是，孩子“高高兴兴地”接受教育，这似乎不符合很多父母的教育习惯，他们在教育孩子的时候，力求自己有这样一个教育基础：威信+严肃+强制，似乎这样面对孩子时，自己的教育才会收到效果。其实，孩子生气乃至于叛逆，正是家长在教育孩子时，父母“威信+严肃+强制”的结果。如果家长在面对孩子时黑着一张脸，再加上命令式的说话方式，就是再温暖的言语，孩子听起来也不会舒服，时间久了，导致孩子叛逆的情况就会出现。因此，我们在教育孩子的时候，要想让孩子在平和快乐中接受你的教育，你就要脸上多几分笑意，给孩子几分平等，用语要讲究几分委婉，在快乐的氛围中使孩子接受“和风细雨”式的教育。这样，你在说教孩子的时候，孩子就不会生气，就会把孩子说话很伤人乃至叛逆的苗头扼杀掉。

不要使孩子生气，这并不代表不能责备孩子，当必须要责备孩子的时候，就要尽力去责备孩子，关键是在责备后要及时“安抚”好孩子。比如，在骂了孩子以后，你马上就对孩子说：“爸爸骂你了，嘴都骂干了，快去给我倒杯水来。”这样幽默的言语不仅能消除孩子的紧张情绪，而且还能使孩子冷静下来，反思自己为何会遭到父母的责备，孩子就不会因父母的责骂而生气。

二、我们要学会给孩子“消气”。

孩子有了叛逆的情绪以后，他就会在言语上刺激大人，在这个时候，我们就要给孩子消气。对于孩子的生气，是很多父母容易忽视的一个问题，他们觉得，孩子生气，只是一种“孩子气”，在孩子的成长过程中无伤大雅。这是一种对孩子生气的错误看法，因为孩子一次生气就是一次不满的表现，如果孩子的“气”得不到及时的舒缓，孩子就有充足的时间去想一些自己的道理，而且生气会使孩子坚定地改变或认同一些看法，这些看法都是在孩子情绪不稳定的时候思量的，这就使得孩子的这些看法大多是错误的。生气的次数越多，在孩子心里聚集的“错误”就越多。因此，孩子经常生气而又得不到排解，这会隐藏着巨大的教育隐患。所以，孩子生气了，父母要把它看成是一个孩子的问题，而且父母及时给孩子消消气是很有必要的。

有的父母或许会说：孩子生气了，要想他开心起来，那我们只有放下父母的架子去哄孩子。父母的这种做法只对了一半，父母在给孩子消气的时候，必须要放下高高在上的那份威严，但绝对不是要父母去哄孩子。

哄孩子往往是父母对孩子错误的一种让步，他们用降低对孩子的要求来舒缓孩子犯错所带来的压力，这样使孩子开心起来，对孩子来说，这是一种纵容。

所以，孩子不高兴了，我们可以这样直接问孩子：“我的儿子（女儿）为什么又不高兴了呀？”当然，也可以间接了解孩子不高兴的原因。然后，在和孩子平等的基础上交流彼此对问题的看法，用道理来说服孩子，直到孩子认同原先因自己不理解而使自己生气的那些道理。孩子道理想通了，心里的气也就消了。

做到了这两个方面，孩子就会常以心情舒畅的状态出现在父母的面前，对父母的尊重、孝心也就体现出来了，孩子没有那个必要再说一些伤父母感情的话了。

## 成绩越差对老师越是敌视

有这样的一种孩子，他们在家里是很听父母话的，但是在学校里他们一点也不听老师的话，甚至和一些老师成了死对头。这些孩子在学校里的叛逆情绪非常明显，老师的话不听，老师的课不上；老师要他向左，他偏偏向右……有的孩子到了敌视老师的地步：在老师的背后吐口水、泼墨水；毁坏老师家的财物；砸老师家的门窗；有的还和老师动起刀棒……老师与学生之间说得淡一点，也就是教育与被教育的关系；往深处说还“一日为师终身为父”呢！似乎师生之间不会有太深的矛盾存在，但事实是，很多学校都有孩子敌视老师的现象存在，造成这种现象的原因又是什么呢？

在中国的学校里，和孩子所学习的科目一样，孩子在老师的眼里也给以分门别类的，老师至少在心里面会把孩子分成几个等次，老师还会把学生分成不同类型的等次：

按孩子的成绩分：

成绩好的孩子，成绩中等的孩子，成绩很差的孩子；

按对孩子的印象分：

好孩子，一般化的孩子，坏孩子；

按孩子的智商分：

聪明的孩子，正常的孩子，笨孩子；

……

老师的一切分法都以映像的方式反映在孩子的座位上：

靠近讲台的孩子，座位中间的孩子，教室后面的孩子。

老师对孩子的这种分类，会直接影响到在班级里老师对孩子的关注程度。我们从孩子座位的次序发现，成绩好的孩子总是坐在教室的最前面，这就自然地接受到老师最强的关注。你想，一个偌大的教室，坐在前面自然是听得更清楚，看得也最明白，受到的干扰也是最少的，老师靠的近，受到的约束也很强。坐在教室后面就是相反的状况了，这就在自然中减弱了老师对后面孩子的关注。除了“地域”差别以外，老师总不会对所谓的坏孩子“宠爱有加”，这种人性的特点使老师对后面的孩子又多几分忽视……所以，敌视老师的孩子大都是坐在教室的最后面，他们还有一个共同的特征，就是他们的成绩都是很差的。

在老师的眼里，这群孩子成绩很差，是一群“坏孩子”，甚至他们的智商都有问题。当这些孩子有错误的时候，老师总是狠狠地惩罚他们，孩子就在老师的惩罚中慢慢地产生了对老师的敌视。因为在孩子自己看来，该交给学校的钱并不比别人少，自己同样有接受教育的权利，可在班级里老师不重视自己，自己就像是成绩好的孩子的一个陪读——学校没有权力对自己不公平。当孩子没有办法改变这种情况时，他们就会把不满发泄到老师的身上，对老师表现出叛逆的情绪来。

如果一个家长看见自己的孩子在敌视他的老师，首先要看一看孩子在学校里是否得到了公正的待遇，有时，孩子的叛逆是父母对孩子的老师评价的失当。

有的家长喜欢评价孩子的老师，这对于孩子来说危害是非常大的。当家长在家说一些老师不好的地方的时候，可能说者无心，但听者有意，被孩子听到后，在孩子心里，这个老师的威信就会丧失，孩子在心理上就会排斥这位老师。在学校里，这位老师要是教训这个孩子，这就很容易引起孩子对他的反感，这种反感会直接造成孩子在这位老师面前的逆反心理。这样，这位老师所授的课孩子也就不可能学好，家长把孩子送到学校受教育的目的，至少在这个老师的面前没有达到。

以上两种主要的原因，都使孩子敌视他的老师。作为家长来说，没有人愿意看到自己的孩子令老师讨厌。当对孩子束手无策的老师把情况反映到家长那里的时候，家长往往会用十二分的力量来改善孩子与老师之间的关系。父母因此会做两方面的工作：一方面是加强与孩子老师之间的沟通交流；一方面是对孩子进行教育。

可是，家长的这种协调效果却是微乎其微，因为很多家长不知道，老师对孩子从本质上讲可能没有什么问题，可老师面对的是一群孩子，没有太多的精力来特殊对待哪一个孩子，况且是对一个成绩不好而又调皮的孩子呢？当再面对孩子的敌视时，老师的态度往往是以

“不和孩子一般见识”作罢。再说，家长对孩子的教育，也只是停留在“说理”这个层面上来进行，他不能改变孩子面临的两个根本问题：一是因成绩差而不被老师重视；一是老师在孩子心里已经“坏死”的印象。当道理与事实相左的时候，人们往往尊重事实，因此，孩子对老师的敌对情绪就不会有所改善。

当孩子与老师关系紧张了的时候，孩子几乎可以宣布在学业上自己已经失败了，很多家长会有这样的困惑：自己的孩子并不笨，同样都是在一个学校里读书，但孩子之间为什么有着这样大的差别呢？其中的原因是老师不能众“生”平等，这也是你把孩子送到学校里，教育效果不显著的原因之一。

## 结合实际给孩子定目标

要想解决孩子由于叛逆而敌视老师的问题，换句话说，就是要想自己的孩子在学校里和老师有很好的关系，能实实在在地学一些东西，那么就进一步看看孩子为何在学校里敌视他的老师。

首先，成绩差的孩子就像一个陪读。

举一个例子，在笔者所任教的一所初级中学里，一个班级有60多名学生。在这60多名学生当中，按照学校的教育水平和当地的教育政策，最多只有6人能上县里的重点高中，有20人能上镇上的普通高中或当地的职高，其余的人都会因为初中的“胜利毕业”而走向社会的各个角落。我们不可否认，这种教育也确实是提高了人的素质，但是真正能得到人们肯定的，可能也只有那6名学生，其他的学生很难因为自己初中的毕业而有成就感。特别是对那些成绩不好的学生来说，他们在学习的过程中缺乏动力。在初中一年级的时候，他们可能还想表现得好一些，至少可以给老师留个好的印象，但随着自己调皮本性的暴露，这种愿望很快就会破灭。这样，自己成绩不好又不能给老师留下好的印象，他就失去了向上努力的动因。因此，孩子在以后的学习中感到自己什么也得不到，有些要学的东西对自己毫无用处，你想，孩子如果不想去应付考试的话，会不会解那一道方程式，这对他今后的生活又有多大影响呢？这时的孩子在学校里就会对学习彻底地放弃，加上老师也不会对他们有太多的期望与用心，他们坐在教室里也就成了那6个孩子的“陪读”。

第二，对孩子的要求不变化。

家长把孩子送进学校接受教育，开始时，所有的家长都有一个共同的目标，那就是希望孩子成绩优秀，能考上大学，然后找到一个好工作——所有的家长都一致地在这条线上要求自己的孩子，他们往往忽视自己孩子自身基础的好坏，他们认为教育是“万能”的，即使自己的孩子成绩很差，他也会把希望寄托于教育。这种做法没有错，我们相信孩子总是可以改变的，更赞成“只有差的教育，没有差的孩子”。可问题是，很多家长在面对孩子已经无法再提高的水平时，仍然盲目地坚持对孩子原先的那份期望和要求。

有人说，现在人们都在提倡“因材施教”，但是，没有几个家长能真正对自己的孩子因材施教，在为孩子选择职业时，几乎很少有家长在孩子高中毕业之前，就为孩子的职业而“量体裁衣”。在学校里，老师的“因材施教”也只能从教育方式方法上实施，他不能决断孩子将来干什么，虽然说在孩子的考试分数上，老师可以根据孩子的不同，对张三要求考80分而对李四要求考50分就行了，但最终对孩子的要求还是一致的：分数要考得更高一点。

这种对孩子的要求，看似各有不同，但如果叫孩子来回答他们父母对他们有什么要求的时候，他们给出的答案肯定都是一致的。

第三，班级环境使孩子压抑。

我们可以否定孩子的学习成绩，但我们不能否定孩子的智商。现在的孩子都是有想法的，他们在班级里，面对自己的境况更会有所思考。成绩差的孩子，从其内心上讲，孩子心里的压力来自于多个方面：老师的忽视与批评，家长的失望与埋怨，对前途的迷茫与恐惧……这些使孩子很是感到压抑，他们自身的状况又使得他们无法改变自己在班级里的压抑感。

所以，孩子在学校里学不到什么，自己的行为又要符合家长和老师的意图，这就使孩子因心里的压力过大而难以承受，而老师又是孩子直接的面对者，孩子就把自己失败的理由、压抑和不满等全撒在老师的身上，这种叛逆的情绪就使孩子敌视他的老师。

因此，孩子敌视他的老师，要想使成绩差的孩子打消或改善这种逆反情绪，那么家长就要根据自己孩子的实际情况，及时地、结合实际地给孩子定一个明确的目标。家长要使这个目标犹如树上的桃子，孩子跳一跳就能够得着，因为离地面太高的桃子孩子会对它丧失信心。不要让孩子在一棵树上吊死，孩子不能上重点学校，我们就要求他上普通的学校；孩子实在不是读书的料，我们可以叫孩子做个司机或当个工人，因为各行业都需要人去做。俗话说“行行出状元”，如果你按孩子自己的兴趣和实际水平去要求孩子，你的孩子还可能成为某个行业的状元呢！

当你的孩子在学校里百无聊赖的时候，你明确地告诉他你对他的期望，这时在他的心里就会这样想：“我努力一下，至少不会使我的父母失望。”当孩子有了可以实现的目标时，他自然就要从老师那里学一些东西，自己学的东西能直接给自己带来成就感的话，在孩子的心里就会觉得这是老师给予的，这自然就对老师多了几分顺从。

所以，家长对成绩差的孩子不合实际的要求，孩子不能得以实现，孩子就会觉得自己在老师那里一无所获。当老师对他严加管教的时候，他就会对老师产生叛逆的情绪而去敌视自己的老师。可当家长结合实际给孩子定目标时，孩子就会觉得，自己学的那一点点东西对自己还有用，老师对自己不仅仅是批评，而且还有其他的“价值”，这样，成绩差的孩子就不会再敌视他的老师。